...022 – 2023 by Imagin8 Press LLC, all rights reserved.

...he United States by Imagin8 Press LLC, Verona, Pennsylvania, ...rmation, contact us via email at info@imagin8press.com or visit ...8press.com.

...s may be purchased directly in quantity at a reduced price, visit our ...ww.imagin8press.com for details.

...Press, the Imagin8 logo and the sail image are all trademarks of ...8 Press LLC.

...en by Jeff Pepper
...ese translation by Xiao Hui Wang
...er design by Katelyn Pepper and Jeff Pepper
...ok design by Jeff Pepper
...twork by Next Mars Media, Luoyang, China
...udiobook narration by Junyou Chen

Based on the original 16th century Chinese novel by Wu Cheng'en

ISBN: 978-1952601835
Version 05

The Monkey Doctor

The Mon...

A Story in Simplified Ch...
2000 Word Vocabu...
Includes English Tra...

Book 23 of the *Journey to the We...*

Written by Jeff Pepper
Chinese Translation by Xiao Hui Wa...

Based on chapters 68 through 71 of the origin...
Chinese novel *Journey to the West* by Wu Cheng'e...

IMAGIN8
PRESS

Acknowledgements

We are deeply indebted to the late Anthony C. Yu for his incredible four-volume translation, *The Journey to the West* (University of Chicago Press, 1983, revised 2012).

We have also referred frequently to another unabridged translation, William J.F. Jenner's *The Journey to the West* (Collinson Fair, 1955; Silk Pagoda, 2005), as well as the original Chinese novel 西游记 by Wu Cheng'en (People's Literature Publishing House, Beijing, 1955). And we've gathered valuable background material from Jim R. McClanahan's *Journey to the West Research Blog* (www.journeytothewestresearch.com).

And many thanks to the team at Next Mars Media for their terrific illustrations, Jean Agapoff for her careful proofreading, and Junyou Chen for his wonderful audiobook narration.

Audiobook

A complete Chinese language audio version of this book is available free of charge. To access it, go to YouTube.com and search for the Imagin8 Press channel. There you will find free audiobooks for this and all the other books in this series.

You can also visit our website, www.imagin8press.com, to find a direct link to the YouTube audiobook, as well as information about our other books.

Preface

Here's a summary of the events of the previous books in the Journey to the West *series. The numbers in brackets indicate in which book in the series the events occur.*

Thousands of years ago, in a magical version of ancient China, a small stone monkey is born on Flower Fruit Mountain. Hatched from a stone egg, he spends his early years playing with other monkeys. They follow a stream to its source and discover a secret room behind a waterfall. This becomes their home, and the stone monkey becomes their king. After several years the stone monkey begins to worry about the impermanence of life. One of his companions tells him that certain great sages are exempt from the wheel of life and death. The monkey goes in search of these great sages, meets one and studies with him, and receives the name Sun Wukong. He develops remarkable magical powers, and when he returns to Flower Fruit Mountain he uses these powers to save his troop of monkeys from a ravenous monster. *[Book 1]*

With his powers and his confidence increasing, Sun Wukong manages to offend the underwater Dragon King, the Dragon King's mother, all ten Kings of the Underworld, and the great Jade Emperor himself. Finally, goaded by a couple of troublemaking demons, he goes too far, calling himself the Great Sage Equal to Heaven and sets events in motion that cause him some serious trouble. *[Book 2]*

Trying to keep Sun Wukong out of trouble, the Jade Emperor gives him a job in heaven taking care of his Garden of Immortal Peaches, but the monkey cannot stop himself from eating all the peaches. He impersonates a great Immortal and crashes a party in Heaven, stealing the guests' food and drink and barely escaping to his loyal troop of monkeys back on

7

Earth. In the end he battles an entire army of Immortals and men, and discovers that even calling himself the Great Sage Equal to Heaven does not make him equal to everyone in Heaven. As punishment, the Buddha himself imprisons him under a mountain. [Book 3]

Five hundred years later, the Buddha decides it is time to bring his wisdom to China, and he needs someone to lead the journey. A young couple undergo a terrible ordeal around the time of the birth of their child Xuanzang. The boy grows up as an orphan but at age eighteen he learns his true identity, avenges the death of his father and is reunited with his mother. Xuanzang will later fulfill the Buddha's wish and lead the journey to the west. [Book 4]

Another storyline starts innocently enough, with two good friends chatting as they walk home after eating and drinking at a local inn. One of the men, a fisherman, tells his friend about a fortuneteller who advises him on where to find fish. This seemingly harmless conversation between two minor characters triggers a series of events that eventually costs the life of a supposedly immortal being and causes the great Tang Emperor himself to be dragged down to the underworld. He is released by the Ten Kings of the Underworld but is trapped in hell and only escapes with the help of a deceased courtier. [Book 5]

Barely making it back to the land of the living, the Emperor selects the young monk Xuanzang to undertake the journey, after being influenced by the great bodhisattva Guanyin. The young monk sets out on his journey. After many difficulties his path crosses that of Sun Wukong, and the monk releases him from his prison under a mountain. Sun Wukong becomes the monk's first disciple. [Book 6]

As their journey gets underway, they encounter a mysterious

river-dwelling dragon, then run into more trouble while staying in the temple of a 270 year old abbot. Their troubles deepen when they meet the abbot's friend, a terrifying black bear monster, and Sun Wukong must defend his master. *[Book 7]*

The monk, now called Tangseng, acquires two more disciples. The first is the pig-man Zhu Bajie, the embodiment of stupidity, laziness, lust and greed. In his previous life, Zhu was the Marshal of the Heavenly Reeds, responsible for the Jade Emperor's entire navy and 80,000 sailors. Unable to control his appetites, he got drunk at a festival and attempted to seduce the Goddess of the Moon. The Jade Emperor banished him to earth, but as he plunged from heaven to earth he ended up in the womb of a sow and was reborn as a man-eating pig monster. He was married to a farmer's daughter, but fights with Sun Wukong and ends up joining and becoming the monk's second disciple. *[Book 8]*

Sha Wujing was once the Curtain Raising Captain but was banished from heaven by the Yellow Emperor for breaking an extremely valuable cup during a drunken visit to the Peach Festival. The travelers meet Sha and he joins them as Tangseng's third and final disciple. The four pilgrims arrive at a beautiful home seeking a simple vegetarian meal and a place to stay for the night. What they encounter instead is a lovely and wealthy widow and her three even more lovely daughters. This meeting is, of course, much more than it appears to be, and it turns into a test of commitment and virtue for all of the pilgrims, especially for the lazy and lustful pig-man Zhu Bajie. *[Book 9]*

Heaven continues to put more obstacles in their path. They arrive at a secluded mountain monastery which turns out to be the home of a powerful master Zhenyuan and an ancient and magical ginseng tree. As usual, the travelers' search for a nice hot meal and a place to sleep quickly turns into a disaster. Zhenyuan has gone away for a few days and has left his two youngest disciples in charge. They welcome the travelers, but soon there are misunderstandings, arguments, battles in the sky, and before long the travelers are facing a powerful and extremely angry adversary, as well as mysterious magic fruits and a large frying pan full of hot oil. *[Book 10]*

Next, Tangseng and his band of disciples come upon a strange pagoda in a mountain forest. Inside they discover the fearsome Yellow Robed Monster who is living a quiet life with his wife and their two children. Unfortunately the monster has a bad habit of ambushing and eating travelers. The travelers find themselves drawn into a story of timeless love and complex lies as they battle for survival against the monster and his allies. *[Book 11]*

The travelers arrive at level Top Mountain and encounter their most powerful adversaries yet: Great King Golden Horn and his younger brother Great King Silver Horn. These two monsters, assisted by their elderly mother and hundreds of well-armed demons, attempt to capture and liquefy Sun Wukong, and eat the Tang monk and his other disciples. *[Book 12]*

Resuming their journey the monk and his disciples stop to rest at a mountain monastery in Black Rooster Kingdom. Tangseng is visited in a dream by someone claiming to be the ghost of a murdered king. Is he telling the truth or is he actually a demon in disguise? Sun Wukong offers to sort things out with his iron rod. But things do not go as planned. *[Book 13]*

Tangseng and his three disciples encounter a young boy hanging upside down from a tree. They rescue him only to discover that he is really Red Boy, a powerful and malevolent demon and, it turns out, Sun Wukong's nephew. The three disciples battle the demon but soon discover that he can produce deadly fire and smoke which nearly kills Sun Wukong. *[Book 14]*

Leaving Red Boy with the bodhisattva Guanyin, the travelers continue to the wild country west of China. They arrive at a strange city where Daoism is revered and Buddhism is forbidden. Sun Wukong gleefully causes trouble in the city, and finds himself in a series of deadly competitions with three Daoist Immortals. *[Book 15]*

Later, the travelers encounter a series of dangerous demons and monsters, including the Great Demon King who demands two human sacrifices each year, and a monster who uses a strange and powerful weapon to disarm and defeat the disciples. *[Books 16 and 17]*

Springtime comes and the travelers run into difficulties and temptations in a nation of women and girls. First, Tangseng and Zhu become pregnant after drinking from the Mother and Child River. Later, the nation's queen meets Tangseng and pressures him to marry her. He barely escapes that fate, only to be kidnapped by a powerful female demon who takes him to her cave and tries to seduce him. *[Book 18]*

Continuing their journey, Tangseng has harsh words for the monkey king Sun Wukong. His pride hurt, Sun Wukong complains to the Bodhisattva Guanyin and asks to be released from his service to the monk. She refuses his request. This leads to a case of mistaken identity and an earthshaking battle that begins in the sky over the monkey's home on Flower Fruit Mountain, moves through the palaces of heaven and the depths of the underworld, and ends in front of the Buddha himself. *[Book 19]*

More trials await the travelers as they find their path blocked by a huge blazing mountain eight hundred miles wide. Tangseng refuses to go around it, so Sun Wukong must discover why the mountain is burning and how they can cross it. *[Book 20]*

Three years after an evil rainstorm of blood covers a city and defiles a beautiful Buddhist monastery, Tangseng and his three disciples arrive. This leads to an epic underwater confrontation with the All Saints Dragon King and his family. And later, Tangseng is trapped in a vast field of brambles by a group of poetry loving but extremely dangerous nature spirits. *[Book 21]*

Later, Tangseng sees a sign, "Small Thunderclap Monastery," and foolishly thinks they have reached their goal. Sun Wukong sees through the illusion, but the false Buddha in the monastery traps him between two gold cymbals and plans to kill his companions. Escaping that, the travelers find their path blocked by a giant snake and a huge pile of slimy and foul-smelling rotting fruit. *[Book 22]*

Undaunted, the travelers continue westward...

The Monkey Doctor

猴子医生

Dì 68 Zhāng

Fójiào sēngrén Tángsēng hé tā de sān gè túdì, hóu wáng Sūn Wùkōng, zhū rén Zhū Bājiè hé ānjìng de Shā Wùjìng, yǐjīng xīyóu le xǔduō nián le. Yòu liáng yòu shī de chūntiān biàn chéng le yòu rè yòu gān de xiàtiān. Yǒu yìtiān, zài tāmen de lǚtú shàng, tāmen kàndào yízuò dà chéngshì zài tāmen de miànqián. Yìtiáo kuān kuān de hùchénghé wéizhe gāo gāo de chéngqiáng.

Tángsēng hǎn dào, "Túdìmen, nǐmen kàn. Zhè shì shénme chéngshì?"

Sūn Wùkōng shuō, "Shīfu, kànlái nǐ hái bú rènshì zì. Nà miàn huángsè de qízi shàng xiězhe chéngshì de míngzì. Shàngmiàn xiězhe, 'Zhū Zǐ Wángguó. ' "

"Wǒ cónglái méiyǒu tīngshuōguò zhège wángguó," Tángsēng shuō. "Wǒmen bìxū zài zhèlǐ tíng xiàlái, nádào wǒmen de tōngguān wénshū."

第 68 章

佛教僧人唐僧和他的三个徒弟，猴王孙悟空、猪人猪八戒和安静的沙悟净，已经西游了许多年了。又凉又湿的春天变成了又热又干的夏天。有一天，在他们的旅途上，他们看到一座大城市在他们的面前。一条宽宽的护城河围着高高的城墙。

唐僧喊道，"徒弟们，你们看。这是什么城市？"

孙悟空说，"师父，看来你还不认识字。那面黄色的旗子上写着城市的名字。上面写着，'朱紫王国。'"

"我从来没有听说过这个王国，"唐僧说。"我们必须在这里停下来，拿到我们的通关文书。"

Tāmen zǒuguò hùchénghé shàng de yízuò qiáo, cóng

dàmén jìnrù le chéngshì. Dāng tāmen zǒuguò jiēdào shí,

tāmen kàndào zhè zuò chéngshì yòu dà yòu měilì.

Dàduōshù fángzi de yì lóu yǒu shāngdiàn huò fànguǎn, lóu

shàng zhùrén. Chuán cóng hěn yuǎn de dìfāng guòlái, wèi

chéng lǐ de rén dài lái le hěnduō dōngxi. Wěidà de gōngdiàn

zhí chōng tiānkōng.

Jiēdào shàng dōu shì mǎi dōngxi, shuōhuà hé zuò shēngyì

de rén. Dàn dāng chéng lǐ de rén kàndào zhè sì gè mòshēng

rén, tāmen tíng le xiàlái, kànzhe zhè sì gè yóurén. Tángsēng

duì tā de túdìmen shuō, "Búyào zhǎo máfan. Dīxià tóu, jìxù

wǎng qián zǒu." Zhū hé Shā dīxià le tóu, dàn Sūn Wùkōng

táizhe tā de tóu, kàn xiàng sìzhōu zhǎo máfan.

Guò le yīhuǐ'er, dàduōshù rén dōu bú zài gēnzhe tāmen,

huíqù zuò tāmen zìjǐ de shìqing. Dàn yìqún niánqīng rén jìxù

gēnzhe yóurén, xiàozhe xiàng Zhū rēng shítou. Tángsēng

biàn dé hěn jǐnzhāng, dàn tāmen háishì jìxù zǒuzhe.

Guò le yīhuǐ'er, tāmen lái dào le yí dòng jiào Huìtóng Guǎn

de dà

他们走过护城河上的一座桥，从大门进入了城市。当他们走过街道时，他们看到这座城市又大又美丽。大多数房子的一楼有商店或饭馆，楼上住人。船从很远的地方过来，为城里的人带来了很多东西。伟大的宫殿直冲天空。

街道上都是买东西、说话和做生意的人。但当城里的人看到这四个陌生[1]人，他们停了下来，看着这四个游人。唐僧对他的徒弟们说，"不要找麻烦。低下头，继续往前走。"猪和沙低下了头，但孙悟空抬着他的头，看向四周找麻烦。

过了一会儿，大多数人都不再跟着他们，回去做他们自己的事情。但一群年轻人继续跟着游人，笑着向猪扔石头。唐僧变得很紧张，但他们还是继续走着。

过了一会儿，他们来到了一栋叫会同馆[2]的大

---

[1] 陌生　　　mòshēng – strange
[2] Hostels of Meetings were established in the 13th century and were used as temporary lodging for visiting foreign envoys.

lóu. "Wǒmen zài zhèlǐ tíng xiàlái, xiūxi yíxià," Tángsēng

shuō, "Děng yīhuǐ'er, wǒmen kěyǐ nádào wǒmen de

tōngguān wénshū, zhèyàng wǒmen jiù kěyǐ jìxù wǒmen

de lǚtú le. "

Tāmen jìn le dàlóu. Liǎng míng guānyuán zuò zài nàlǐ.

Tāmen táiqǐtóu kàn, biàn dé hěn chījīng. Qízhōng yígè

rén shuō, "Nǐmen shì shuí? Nǐmen zài zhèlǐ zuò

shénme?"

Tángsēng bǎ shuāngshǒu hé zài yìqǐ, fàng zài xiōng qián,

duì tāmen shuō, "Zhège qióng héshang zhèngzài cóng

Táng dìguó dào xītiān de lǚtú shàng, wèi wǒmen de

huángdì qǔ fójīng. Wǒmen gāng lái dào guì dì, méiyǒu ná

dào wǒmen de tōngguān wénshū, wǒmen bù gǎn líkāi

zhèlǐ. Wǒmen yāoqiú nǐmen néng wèi wǒmen zuò zhè

jiàn shì. Hái qǐng nǐmen néng ràng wǒmen liú zài zhèlǐ

xiūxi, chī yìdiǎn dōngxi."

Guānyuán mìnglìng rén zhǔnbèi yìxiē kèrén de fángjiān,

gěi yóurén yìxiē shíwù. Hěn kuài, yóurénmen jiù nádào le

mǐ, lǜsè shūcài, dòufu hé mógū. Dàn guānyuán gàosù

yóurén, tāmen bìxū zìjǐ zuò fàn.

Tángsēng wèn guānyuán, nǎlǐ kěyǐ jiàndào guówáng.

Qízhōng yígè rén

楼。"我们在这里停下来，休息一下，"唐僧说，"等一会儿，我们可以拿到我们的通关文书，这样我们就可以继续我们的旅途了。"

他们进了大楼。两名官员坐在那里。他们抬起头看，变得很吃惊。其中一个人说，"你们是谁？你们在这里做什么？"

唐僧把双手合在一起，放在胸前，对他们说，"这个穷和尚正在从唐帝国到西天的旅途上，为我们的皇帝取佛经。我们刚来到贵地，没有拿到我们的通关文书，我们不敢离开这里。我们要求你们能为我们做这件事。还请你们能让我们留在这里休息，吃一点东西。"

官员命令人准备一些客人的房间，给游人一些食物。很快，游人们就拿到了米、绿色蔬菜、豆腐[3]和蘑菇。但官员告诉游人，他们必须自己做饭。

唐僧问官员，哪里可以见到国王。其中一个人

---

[3] 豆腐　　　　dòufu – tofu

huídá shuō, "Bìxià jīntiān zhèngzài jiàn tā de dàchénmen. Dàn rúguǒ nǐ xiǎngjiàn tā, nǐ bìxū kuài qù jiàn. Míngtiān kěnéng jiù tài wǎn le. Wǒ bù zhīdào nǐ yào děng duōshǎo shíjiān cáinéng jiàndào tā."

Zhū cóng xínglǐ zhōng qǔchū sēngyī hé tōngguān wénshū, bǎ tāmen gěi le Tángsēng. Tángsēng chuānshàng sēngyī, bǎ tōngguān wénshū fàng jìn xiùzi lǐ. Tā duì tā de túdìmen shuō, "Liú zài zhèlǐ. Qǐng búyào zhǎo rènhé de máfan." Ránhòu tā yánzhe jiēdào xiàng wánggōng zǒu qù. Tā yùdào le wánggōng lǐ sòngxìn de rén. Tángsēng gàosù sòngxìn rén tā shì shuí, tā wèishéme yào jiàn guówáng. Sòngxìn rén gàosù le guówáng, guówáng tóngyì jiàn Tángsēng.

Tángsēng zǒu jìn bǎozuò fángjiān, zài guówáng miànqián kētóu. "Qǐlái, qǐlái," guówáng huī le huī shǒu shuō. Tā ràng Tángsēng gěi tā kàn tōngguān wénshū. Kàn wán hòu, tā shuō, "Qīn'ài de héshang, zhèn tīngshuōguò nǐmen de huángdì. Zhèn tīngshuō tā yǒu yícì bìng dé hěn zhòng. Gàosù zhèn, tā bìng hòu shì zěnme yòu huídào shēngmìng zhòng lái

回答说，"陛下今天正在见他的大臣们。但如果你想见他，你必须快去见。明天可能就太晚了。我不知道你要等多少时间才能见到他。"

猪从行李中取出僧衣和通关文书，把它们给了唐僧。唐僧穿上僧衣，把通关文书放进袖子里。他对他的徒弟们说，"留在这里。请不要找任何的麻烦。"然后他沿着街道向王宫走去。他遇到了王宫里送信的人。唐僧告诉送信人他是谁，他为什么要见国王。送信人告诉了国王，国王同意见唐僧。

唐僧走进宝座房间，在国王面前磕头。"起来，起来，"国王挥了挥手说。他让唐僧给他看通关文书。看完后，他说，"亲爱的和尚，朕[4]听说过你们的皇帝。朕听说他有一次病得很重。告诉朕，他病后是怎么又回到生命中来

---

[4] 朕　　　zhèn – the royal first-person pronoun. In Imperial China monarchs and others of high rank referred to themselves as 朕 instead of 我. This is similar to the "royal we" used by European monarchs, which is why "we" is used in the English translation. Chinese monarchs also sometimes referred to themselves as 寡人 (guǎrén), the "lonely one."

de?"

Tángsēng shuō, "Bìxià, wǒmen de huángdì shì yí wèi wěidà de, cōngmíng de tǒngzhì zhě. Cháng'ān de běibian zhùzhe yìtiáo hé lóng, tā fùzé gěi wángguó dài lái yǔ. Yǒu yìtiān, lóng méiyǒu tīng huángdì de xià yǔ mìnglìng. Yīnwèi zhè, huángdì xià le fǎlìng, lóng bìxū sǐ. Tā mìnglìng yígè jiào Wèi de chéngxiàng, qù shā sǐ lóng. Dàn zài Wèi zuò zhè zhīqián, lóng chūxiàn zài huángdì de mèng zhōng, qǐngqiú huángdì ràng tā huózhe. Huángdì tóngyì le. Dì èr tiān, huángdì qǐng Wèi guòlái, hé tā xiàqí. Wèi lái le, dàn zài xiàqí zhōng, Wèi shuìzháo le. Wèi zài mèng zhōng shā sǐ le lóng."

"A," guówáng shuō, "zhè tài kěpà le."

"Lóng sǐ hòu, tā hěn bù gāoxìng. Tā yǐwéi huángdì piàn le tā. Suǒyǐ tā qù zhǎo Yánluó Wáng, gào le huángdì. Bùjiǔ, huángdì bìng dé hěn zhòng. Tā de línghún líkāi le tā de shēntǐ, qù le dìyù. Dàn jiù zài huángdì sǐ zhīqián, Wèi gěi le tā yì fēng xìn, ràng tā bǎ tā gěi yí wèi jiào Cuī Jué de, yǐjīng sǐ le de dàchén. Huáng

的？"

<u>唐僧</u>说[5]，"陛下，我们的皇帝是一位伟大的、聪明的统治者。<u>长安</u>的北边住着一条河龙，它负责给王国带来雨。有一天，龙没有听皇帝的下雨命令。因为这，皇帝下了法令，龙必须死。他命令一个叫<u>魏</u>的丞相，去杀死龙。但在<u>魏</u>做这之前，龙出现在皇帝的梦中，请求皇帝让他活着。皇帝同意了。第二天，皇帝请<u>魏</u>过来，和他下棋。<u>魏</u>来了，但在下棋中，<u>魏</u>睡着了。<u>魏</u>在梦中杀死了龙。"

"啊，"国王说，"这太可怕了。"

"龙死后，他很不高兴。他以为皇帝骗了他。所以他去找<u>阎罗王</u>，告了皇帝。不久，皇帝病得很重。他的灵魂离开了他的身体，去了地狱。但就在皇帝死之前，<u>魏</u>给了他一封信，让他把它给一位叫<u>崔珏</u>的、已经死了的大臣。皇

---

[5] The story that he tells here is a brief summary of the events in *The Emperor in Hell*, the fifth book in this series.

dì sǐ le, qù le dìyù, jiàndào le Cuī Jué, bǎ xìn gěi le tā. Kàn wán xìn hòu, Cuī Jué tóngyì bāngzhù huángdì."

"Tài hǎo le!" Guówáng shuō. "Tā shì zěnme táo chū dìyù de?"

"Cuī Jué piàn le Yánluó Wáng. Tā gǎi le Shēngmìng Shū, gěi huángdì jiā le èrshí nián de shēngmìng. Yánluó Wángmen dú le Shēngmìng Shū, fāxiàn huángdì de shēngmìng hái méiyǒu jiéshù. Suǒyǐ tāmen tóngyì ràng tā huí dào rénjiān. Huángdì hěn kuài jiù cóng bìng zhōng huīfù guòlái. Dàn tā cónglái méiyǒu wàngjì zìjǐ zài dìyù de nà duàn shíjiān. Hòulái tā ràng wǒ qù xītiān, qǔ fójīng, bǎ tāmen dài huí Táng dìguó."

"Zūnjìng de héshang, xièxie nǐ jiǎng le yígè hěn hǎotīng de gùshì. Nǐ láizì yígè wěidà de guójiā. Zhèn yǐjīng bìng le hěnjiǔ le, zhèn méiyǒu xiàng Wèi zhèyàng de cōngmíng dàchén, nénggòu jiù zhèn." Jiù zài zhè shí, púrén ná lái le chī de hé hē de, tāmen chī le wǎnfàn.

Jiù zài Tángsēng hé guówáng jiànmiàn de shíhòu, sān gè túdì zài jiǔdiàn lǐ. Tāmen biàn dé fēicháng è. Shā zǒu jìn chúfáng zhǔnbèi shíwù.

帝死了，去了地狱，见到了崔珏，把信给了他。看完信后，崔珏同意帮助皇帝。"

"太好了！"国王说。"他是怎么逃出地狱的？"

"崔珏骗了阎罗王。他改了生命书，给皇帝加了二十年的生命。阎罗王们读了生命书，发现皇帝的生命还没有结束。所以他们同意让他回到人间。皇帝很快就从病中恢复[6]过来。但他从来没有忘记自己在地狱的那段时间。后来他让我去西天，取佛经，把它们带回唐帝国。"

"尊敬的和尚，谢谢你讲了一个很好听的故事。你来自一个伟大的国家。朕已经病了很久了，朕没有像魏这样的聪明大臣，能够救朕。"就在这时，仆人拿来了吃的和喝的，他们吃了晚饭。

就在唐僧和国王见面的时候，三个徒弟在酒店里。他们变得非常饿。沙走进厨房准备食物。

---

[6] 恢复　　　huīfù – to recover

25

Nàlǐ méiyǒu yóu huò jiàngyóu, suǒyǐ tā bùnéng zhǔ shūcài. Tā ràng Zhū chūqù mǎi zhèxiē dōngxi. Zhū jùjué le, shuō tā tài chǒu le, zhǐ huì zài jiēdào shàng zhǎo máfan. Suǒyǐ Sūn Wùkōng shuō, tā huì hé Zhū yìqǐ qù mǎi yóu, yán hé jiàngyóu.

Sūn Wùkōng wèn yì míng guānyuán, nǎlǐ kěyǐ mǎidào zhèxiē dōngxi. Guānyuán shuō, "Yánzhe zhè tiáo jiēdào xiàng xī zǒu, zhuǎnguò dì yī gè jiējiǎo. Nǐ huì zhǎodào Zhèng jiā záhuò diàn. Tāmen yǒu nǐ xūyào de suǒyǒu dōngxi."

Sūn Wùkōng hé Zhū yánzhe jiēdào xiàng záhuò diàn zǒu qù. Tāmen kàndào fùjìn yǒu yí dà qún rén. Sūn Wùkōng duì Zhū shuō, "Nǐ zài zhèlǐ děngzhe. Bǎ tóu dīzhe." Ránhòu tā zǒuxiàng rénqún. Tā kàndào tāmen zhèngzài dú qiáng shàng guówáng fā de wénshū. Wénshū shuō,

"Zìcóng zhèn chéngwéi Zhū Zǐ Wángguó de guówáng hòu, zhèn de wángguó yìzhí shì hépíng hé xìngfú de. Dàn sān nián qián, zhèn bìng dé hěn zhòng. Dàchénmen dōu méiyǒu bànfǎ bāngzhù zhèn. Suǒyǐ, xiànzài zhèn yāoqǐng láizì shìjiè rènhé dìfāng de dúshūrén hé yīshēng, lái zhèn de wánggōng. Rúguǒ nǐ néng ràng zhèn huīfù jiànkāng, zhèn huì gěi nǐ yíbàn de

那里没有油或酱油[7]，所以他不能煮蔬菜。他让
猪出去买这些东西。猪拒绝了，说他太丑了，
只会在街道上找麻烦。所以孙悟空说，他会和
猪一起去买油、盐和酱油。

孙悟空问一名官员，哪里可以买到这些东西。
官员说，"沿着这条街道向西走，转过第一个
街角。你会找到郑家杂货店[8]。他们有你需要的
所有东西。"

孙悟空和猪沿着街道向杂货店走去。他们看到
附近有一大群人。孙悟空对猪说，"你在这里
等着。把头低着。"然后他走向人群。他看到
他们正在读墙上国王发的文书。文书说，

"自从朕成为朱紫王国的国王后，朕的王国一
直是和平和幸福的。但三年前，朕病得很重。
大臣们都没有办法帮助朕。所以，现在朕邀请
来自世界任何地方的读书人和医生，来朕的王
宫。如果你能让朕恢复健康，朕会给你一半的

---

[7] 酱油　　　jiàngyóu – soy sauce
[8] 杂货店　　záhuò diàn – grocery store

wángguó."

Sūn Wùkōng duì tā zìjǐ shuō, "Ń, zhè kàn qǐlái hěn

hǎowán. Wǒ xiǎng wǒmen yīnggāi zài zhège chéngshì

duō zhù yìxiē shíjiān, zhèyàng lǎo hóuzi jiù kěyǐ chéngwéi

yígè yīshēng, wán yì wán!" Ránhòu tā ná qǐ yì bǎ tǔ, rēng

xiàng kōngzhōng, niàn le yígè mó yǔ. Tā biàn dé

kànbújiàn le. Tā dàdà de chuī le yì kǒu qì. Yízhèn

qiángdà de fēng chuī lái, bǎ suǒyǒu de rén dōu chuī zǒu

le. Ránhòu tā zǒu dào wénshū qián, bǎ tā cóng qiáng

shàng ná le xiàlái. Tā zǒu dào Zhū de shēnbiān. Tā

kàndào Zhū yǐjīng shuìzháo le. Tā juǎn qǐ wénshū, bǎ tā

qiāoqiāo de fàng jìn Zhū de cháng yī lǐ.

Rénqún cóng dìshàng pá qǐlái, táitóu kàn, fāxiàn wénshū

bújiàn le. Shìwèimen zài sìzhōu zhǎo. Qízhōng yígè

shǒuwèi kàndào Zhū zhàn zài fùjìn. Tā kàndào Zhū de

cháng yī lǐ lùchū de wénshū. Shìwèi hǎn dào, "Nǐ shì gè

sǐrén le! Nǐ zěnme gǎn ná guówáng de wénshū? Nǐ

huòzhě shì yígè wěidà de yīshēng, huòzhě jiùshì yígè

xiǎotōu. Wǒmen huì zhīdào nǐ shì nǎ yígè."

Tāmen yào bǎ tā tuō dào wánggōng, dàn Zhū bù kěn

dòng. Tā hǎoxiàng shì

王国。"

孙悟空对他自己说，"嗯，这看起来很好玩。
我想我们应该在这个城市多住一些时间，这样
老猴子就可以成为一个医生，玩一玩！"然后
他拿起一把土，扔向空中，念了一个魔语。他
变得看不见了。他大大地吹了一口气。一阵强
大的风吹来，把所有的人都吹走了。然后他走
到文书前，把它从墙上拿了下来。他走到猪的
身边。他看到猪已经睡着了。他卷[9]起文书，把
它悄悄地放进猪的长衣里。

人群从地上爬起来，抬头看，发现文书不见
了。侍卫们在四周找。其中一个守卫看到猪站
在附近。他看到猪的长衣里露[10]出的文书。侍卫
喊道，"你是个死人了！你怎么敢拿国王的文
书？你或者是一个伟大的医生，或者就是一个
小偷。我们会知道你是哪一个。"

他们要把他拖到王宫，但猪不肯动。他好像是

---

[9] 卷   juǎn – to roll
[10] 露   lù – to reveal, to expose, dew

yì kē shù, gēn shēn shēn de mái jìn dìxià. Shìwèi lā tā tuī
tā, dàn tāmen méiyǒu bànfǎ ràng tā dòng.

Yìqún lǎo tàijiān zǒu le guòlái. Yígè tàijiān duì Zhū shuō,
"Nǐ zhège rén zhǎng dé hěn qíguài. Nǐ shì shuí, nǐ zài zhèlǐ
zuò shénme?"

Zhū huídá shuō, "Wǒ láizì Táng dìguó, zhèngzài qù xītiān
de lǚtú shàng. Wǒ de shīfu shì yí wèi fójiào héshang, tā
qù le wánggōng, bàn wǒmen de tōngguān wénshū. Wǒ
hé wǒ de gēge xiǎng mǎi xiē yóu hé qítā shíwù. Wǒ xiǎng
tā shì bǎ tā zìjǐ biàn dé kàn bújiàn le, ránhòu ná xià le
guówáng de wénshū, bǎ tā fàng jìn le wǒ de cháng yī lǐ."

Tàijiān shuō, "Jiù zài jǐ fēnzhōng qián, wǒ kàndào yígè
héshang xiàng wánggōng zǒu qù. Nà yídìng shì nǐ de
shīfu. Nǐ de gēge yídìng yǒu qiángdà de mófǎ. Tā xiànzài
zài nǎlǐ?"

"Tā jiào Sūn bàba. Tā kěnéng zài Huìtóng Guǎn."

"Gēn wǒmen lái. Wǒmen jiāng qù nàlǐ liǎojiě zhè shì de
zhēn

一棵树，根深深地埋进地下。侍卫拉他推他，但他们没有办法让他动。

一群老太监[11]走了过来。一个太监对<u>猪</u>说，"你这个人长得很奇怪。你是谁，你在这里做什么？"

<u>猪</u>回答说，"我来自<u>唐</u>帝国，正在去西天的旅途上。我的师父是一位佛教和尚，他去了王宫，办我们的通关文书。我和我的哥哥想买些油和其他食物。我想他是把他自己变得看不见了，然后拿下了国王的文书，把它放进了我的长衣里。"

太监说，"就在几分钟前，我看到一个和尚向王宫走去。那一定是你的师父。你的哥哥一定有强大的魔法。他现在在哪里？"

"他叫<u>孙爸爸</u>。他可能在<u>会同馆</u>。"

"跟我们来。我们将去那里了解这事的真

---

[11] 太监　　tàijiān – eunuch

xiàng." Tā ràng shìwèi fàng le Zhū. Zhū zǒu huí Huìtóng Guǎn, tàijiān, shí jǐ gè shìwèi hé jǐ bǎi míng chéng lǐ de rén jǐn gēn zài tā hòumiàn.

Dāng tāmen lái dào jiǔdiàn shí, Zhū kàndào le Sūn Wùkōng, jiù duì tā fènnù de dà hǎn dà jiào. Sūn Wùkōng zhǐshì xiào le xiào. Ránhòu, jǐ gè tàijiān hé wánggōng shìwèi zǒu shàng qián qù, xiàng Sūn Wùkōng jūgōng. Tāmen shuō, "Sūn bàba, wǒmen hěn gāoxìng shàngtiān bǎ nǐ sòng dào le wǒmen zhèlǐ. Wǒmen qǐngqiú nǐ bāngzhù wǒmen de guówáng cóng tā de bìng zhōng huīfù guòlái. Rúguǒ nǐ néng zuòdào zhè yìdiǎn, wǒmen de guówáng huì gěi nǐ tā wángguó de yíbàn."

Sūn Wùkōng tíngzhǐ le xiào. Tā mǎn liǎn rènzhēn de shuō, "Wǒ bǎ zìjǐ biàn dé kàn bújiàn le, ná xià le guówáng de wénshū. Wǒ hái ānpái le zhè yíqiè, suǒyǐ wǒ de dìdi huì bǎ nǐmen dài dào wǒ shēnbiān. Nǐmen de guówáng shēngbìng le, wǒ dāngrán kěyǐ bāngzhù tā. Dàn nǐmen zhīdào nà jù lǎohuà,

Mài yào yào xiǎoxīn

Shēngbìng shí, búyào jiàn dào yígè yīshēng jiù ràng tā gěi nǐ kànbìng

相。"他让侍卫放了猪。猪走回会同馆，太监、十几个侍卫和几百名城里的人紧跟在他后面。

当他们来到酒店时，猪看到了孙悟空，就对他愤怒地大喊大叫。孙悟空只是笑了笑。然后，几个太监和王宫侍卫走上前去，向孙悟空鞠躬。他们说，"孙爸爸，我们很高兴上天把你送到了我们这里。我们请求你帮助我们的国王从他的病中恢复过来。如果你能做到这一点，我们的国王会给你他王国的一半。"

孙悟空停止了笑。他满脸认真地说，"我把自己变得看不见了，拿下了国王的文书。我还安排[12]了这一切，所以我的弟弟会把你们带到我身边。你们的国王生病了，我当然可以帮助他。但你们知道那句老话，

　　卖药要小心
　　生病时，不要见到一个医生就让他给你看病

---

[12] 安排　　　ānpái – to arrange

Gàosù nǐmen de guówáng lái zhèlǐ, qǐng wǒ bāngzhù tā.

Wǒ kěyǐ hěn róngyì de ràng tā huīfù jiànkāng."

Yíbàn de tàijiān hé shìwèi liú zài le jiǔdiàn, lìng yíbàn pǎo huí le wánggōng. Méiyǒu děng xuānbù, tāmen jiù pǎo jìn le bǎozuò fángjiān. Guówáng hái zài hé Tángsēng yìqǐ chī wǎnfàn. Qízhōng yìrén zài guówáng miànqián kētóu, shuō, "Bìxià, yí wèi láizì Táng dìguó de shèng sēng, yǐjīng ná xià le nǐ de wénshū. Wǒmen juédé tā yǒu qiángdà de mólì. Héshang xiànzài zài Huìtóng Guǎn. Tā yào bìxià qù nàlǐ, qǐngqiú tā bāngmáng."

Guówáng tīngdào zhège xiāoxi fēicháng gāoxìng. Tā duì Tángsēng shuō, "Zūnjìng de héshang, nǐ yǒu jǐ gè túdì?"

Tángsēng huídá shuō, "Wǒ yǒu sān gè bèn túdì."

"Tāmen zhōng nǎ yí gè shì yīshēng?"

"Shuō zhēn huà, bìxià, tāmen dōu hěn bèn. Tāmen kěyǐ ná xínglǐ, qiān mǎ, páshān guòhé. Tāmen yěyǒu yìxiē shā yāoguài hé móguǐ de jìshù. Tāmen zhōng méiyǒu rén dǒng yīxué de."

告诉你们的国王来这里，请我帮助他。我可以很容易地让他恢复健康。"

一半的太监和侍卫留在了酒店，另一半跑回了王宫。没有等宣布，他们就跑进了宝座房间。国王还在和<u>唐僧</u>一起吃晚饭。其中一人在国王面前磕头，说，"陛下，一位来自<u>唐</u>帝国的圣僧，已经拿下了你的文书。我们觉得他有强大的魔力。和尚现在在<u>会同馆</u>。他要陛下去那里，请求他帮忙。"

国王听到这个消息非常高兴。他对<u>唐僧</u>说，"尊敬的和尚，你有几个徒弟？"

<u>唐僧</u>回答说，"我有三个笨徒弟。"

"他们中哪一个是医生？"

"说真话，陛下，他们都很笨。他们可以拿行李、牵马、爬山过河。他们也有一些杀妖怪和魔鬼的技术。他们中没有人懂医学[13]的。"

---

[13] 医学　　　yīxué – medicine

"Kěnéng nǐ duì tāmen yāoqiú tài gāo le. Zhèn xīwàng kàn dào zhè wèi Sūn bàba. Dànshì zhèn tài xūruò le, bùnéng zǒulù. Tā bìxū lái zhèlǐ." Guówáng ràng tàijiān hé shìwèi huíqù jiǔdiàn, yǒu lǐmào de qǐng Sūn bàba dào wánggōng lǐ lái.

Tàijiān hé shìwèi huí dào le jiǔdiàn. Tāmen zài Sūn Wùkōng miànqián kòutóu, gàosù tā guówáng bìng zhòng, bùnéng zǒulù, qǐng tā qù wánggōng. Sūn Wùkōng tóngyì le. Tā líkāi jiǔdiàn qián, gàosù Zhū hé Shā děng zài jiǔdiàn, bǎ rénmen sòng lái de yào dōu liú xià. Tāmen tóngyì le.

Sūn Wùkōng hé tàijiān, shìwèi yìqǐ zǒu dào le wánggōng. Tāmen jìnrù le bǎozuò fángjiān. Guówáng shuō, "Shuí shì shèng sēng? Shuí shì wěidà de Sūn bàba?"

Sūn Wùkōng zǒu shàng qián, yònglì hǎn dào, "Wǒ shì!" Guówáng tīngdào le hěn xiǎng de shēngyīn, kàndào le hóuzi hěn chǒu de liǎn. Tā zuò dǎo zài tā de bǎozuò shàng. Tàijiānmen bāng tā líkāi le bǎozuò fángjiān. Dàchénmen duì Sūn Wùkōng hěn shēngqì, duì tā dà hǎn dà jiào. Dàn Sūn Wùkōng huídá shuō, "Bié nàyàng gēn wǒ shuōhuà, rúguǒ nàyàng, nǐmen de guówáng yìqiān nián yě bú huì hǎo qǐlái."

"可能你对他们要求太高了。朕希望看到这位孙爸爸。但是朕太虚弱了，不能走路。他必须来这里。"国王让太监和侍卫回去酒店，有礼貌地请孙爸爸到王宫里来。

太监和侍卫回到了酒店。他们在孙悟空面前叩头，告诉他国王病重，不能走路，请他去王宫。孙悟空同意了。他离开酒店前，告诉猪和沙等在酒店，把人们送来的药都留下。他们同意了。

孙悟空和太监、侍卫一起走到了王宫。他们进入了宝座房间。国王说，"谁是圣僧？谁是伟大的孙爸爸？"

孙悟空走上前，用力喊道，"我是！"国王听到了很响的声音，看到了猴子很丑的脸。他坐倒在他的宝座上。太监们帮他离开了宝座房间。大臣们对孙悟空很生气，对他大喊大叫。但孙悟空回答说，"别那样跟我说话，如果那样，你们的国王一千年也不会好起来。"

"Nǐ zhè shì shénme yìsi?" Yí wèi dàchén wèn. "Rén de shēngmìng bú huì nàme cháng."

"Rúguǒ wǒ bù bāng tā, tā jiù huì sǐ. Ránhòu tā jiāng zài chūshēng, háishì yígè shēngbìng de rén, ránhòu zài sǐqù. Yícì yòu yícì, zhè jiù yìqiān nián. Tīng,

Yīxué shì yì mén shénmì de yìshù

Nǐ bìxū yòng nǐ de yǎnjīng hé ěrduǒ

Wèn wèntí, gǎnjué màibó

Jiǎnchá bìngrén de shēngmìng néngliàng

Tā shuì dé hǎo ma?

Tīng tā de shēngyīn

Shì qīngchǔ háishì cì'ěr?

Tā shuō de shì zhēn huà háishì fēng huà?

Wèn tā bìng le duōjiǔ

"你这是什么意思？"一位大臣问。"人的生命不会那么长。"

"如果我不帮他，他就会死。然后他将再出生，还是一个生病的人，然后再死去。一次又一次，这就一千年。听，

医学是一门神秘[14]的艺术
你必须用你的眼睛和耳朵
问问题，感觉脉搏[15]
检查病人的生命能量[16]
他睡得好吗？
听他的声音
是清楚还是刺耳[17]？
他说的是真话还是疯话？
问他病了多久

---

[14] 神秘　　shénmì – mysterious
[15] 脉搏　　màibó – pulse. Traditional Chinese Medicine practitioners diagnose illness by taking the patient's pulse at three locations on the wrist. Some pulse conditions are: floating, sunken, slow, rapid, surging, fine, vacuous, replete, long, short, slippery, rough, string-like, tight, soggy, moderate, faint, weak, dissipated, hollow, drumskin, firm, hidden, stirred, intermittent, bound, skipping, and racing.
[16] 能量　　néngliàng – energy
[17] 刺耳　　cì'ěr – harsh sound

Tā zěnme chī, zěnme hè, zěnme shàng cèsuǒ?

Gǎnjué màibó

Shì cháng háishì duǎn, kuài háishì màn?

Wǒ bìxū zuò suǒyǒu zhèxiē shìqing,

Bú nàyàng zuò, nǐmen de guówáng jiāng yǒngyuǎn

méiyǒu bànfǎ huīfù."

Tīngdào zhè huà, dàchénmen rènwéi Sūn Wùkōng shì

yígè lìhài de yīshēng. Tāmen qù jiàn guówáng, wèn tā shì

búshì yuànyì jiàn Sūn Wùkōng. "Zhèn yào zìjǐ yígè rén,"

guówáng shuō. "Zhèn tài xūruò le, bùnéng jiàn rènhé

rén."

Dàchénmen huí dào Sūn Wùkōng nàlǐ, bǎ guówáng

dehuà gàosù le tā. "Méi wèntí," Sūn Wùkōng shuō. "Wǒ

bù xūyào pèng guówáng. Wǒ huì yòng yì gēn guàzhe de

xiàn lái gǎnjué tā de màibó."

Tāmen huí dào guówáng nàlǐ, bǎ zhè gàosù le guówáng.

Guówáng shuō, "Zhè hěn yǒu yìsi. Zhèn yǐjīng bìng le sān

nián, cónglái méiyǒu rén shìguò zhè. Zhèn huì ràng tā

zhème zuò de."

Dàchénmen huí dào Sūn Wùkōng shēnbiān, gàosù tā,

guówáng tóngyì yòng

他怎么吃、怎么喝、怎么上厕所？

感觉脉搏

是长还是短，快还是慢？

我必须做所有这些事情，

不那样做，你们的国王将永远没有办法恢
复。"

听到这话，大臣们认为孙悟空是一个厉害的医
生。他们去见国王，问他是不是愿意见孙悟
空。"朕要自己一个人，"国王说。"朕太虚
弱了，不能见任何人。"

大臣们回到孙悟空那里，把国王的话告诉了
他。"没问题，"孙悟空说。"我不需要碰国
王。我会用一根挂着的线来感觉他的脉搏。"

他们回到国王那里，把这告诉了国王。国王
说，"这很有意思。朕已经病了三年，从来没
有人试过这。朕会让他这么做的。"

大臣们回到孙悟空身边，告诉他，国王同意用

guà xiàn. Méi děng tā shuōhuà, Tángsēng jiù hǎn dào,

"Nǐ zhège zéi húsūn! Nǐ jiāng shì wǒ de sǐshén! Zài

wǒmen yìqǐ de zhèxiē nián lǐ, wǒ cónglái méiyǒu jiànguò

nǐ zhì hǎo guò yígè rén. Nǐ duì yào yìdiǎn dōu bù dǒng, nǐ

cónglái méiyǒu dúguò yì běn yīxué shū. Nǐ zěnme kěnéng

huì yòng guà xiàn lái liǎojiě tā de bìng?"

"Shīfu, nǐ bù zhīdào wǒ néng zhì bìng. Wǒ zhīdào wǒ kěyǐ

zhì hǎo guówáng. Kàn, zhè shì wǒ de guà xiàn! " Tā cóng

wěibā shàng bá xià sāngēn máo, dàshēng hǎn dào,

'Biàn!' Máo biàn chéng le sān gēn jīn xiàn. Měi gēn

cháng èrshísì chǐ, duìzhe yì nián zhōng de èrshísì jiéqì.

Ránhòu Sūn Wùkōng zhuǎnshēn, zǒu huí guówáng xiūxi

de fángjiān.

挂线。没等他说话，唐僧就喊道，"你这个贼[18]猢狲！你将是我的死神！在我们一起的这些年里，我从来没有见过你治好[19]过一个人。你对药一点都不懂，你从来没有读过一本医学书。你怎么可能会用挂线来了解他的病？"

"师父，你不知道我能治[20]病。我知道我可以治好国王。看，这是我的挂线！"他从尾巴上拔下三根毛，大声喊道，'变！'毛变成了三根金线。每根长二十四尺，对着一年中的二十四节气[21]。然后孙悟空转身，走回国王休息的房间。

---

18 贼　　zéi – thief
19 治好　zhì hǎo – to cure (medical)
20 治　　zhì – to treat
21 节气　jiéqì – solar term. The traditional Chinese calendar is divided into 24 equal periods. The first one, 立春 (lìchūn), starts approximately on February 4th and marks the Chinese New Year. Each 节气 represents 1/24th of the sky. Since there are 24 节气 and 12 astrological signs, two Chinese 节气 equal one astrological sign.

Dì 69 Zhāng

Guówáng hěn lèi, yě hěn pà Sūn Wùkōng, suǒyǐ tā bùxiǎng ràng hóuzi zǒu jìn tā. Suǒyǐ Sūn Wùkōng bǎ sāngēn jīn xiàn gěi le tàijiān. Tā duì tāmen shuō, "Bǎ zhèxiē xiàn jì zài guówáng de zuǒ shǒuwàn shàng. Jiāng dì yī gēn fàng zài *cùn* shàng, dì èr gēn fàng zài *guān* shàng, dì sān gēn fàng zài *chǐ* shàng. Ránhòu bǎ xiàn de yìtóu cóng chuānghù chuán gěi wǒ." Ránhòu tā líkāi le fángjiān.

Tàijiānmen zhào tā shuō de zuò le. Sūn Wùkōng yòng tā de yòushǒu mǔzhǐ hé shízhǐ ná zhù sān gēn xiàn, yì gēn yì gēn, gǎnjué měi gè diǎn de màibó. Ránhòu tā gàosù tàijiān jiāng xiàn fàng dào guówáng yòu shǒuwàn de *cùn*, *guān* hé *chǐ*. Zài tāmen bǎ xiàn fàng hǎo hòu, tā yòng zuǒ shǒu ná zhù xiàn, gǎnjué měi gè diǎn de màibó.

Tā wánchéng hòu, tā yáo le tā de shēntǐ, ràng máo huí dào tā de wěibā shàng. Ránhòu tā dàshēng shuō, "Bìxià, wǒ zǐxì de gǎnjué

第 69 章

国王很累，也很怕<u>孙悟空</u>，所以他不想让猴子走近他。所以<u>孙悟空</u>把三根金线给了太监。他对他们说，"把这些线系[22]在国王的左手腕[23]上。将第一根放在寸上，第二根放在关上，第三根放在尺上[24]。然后把线的一头从窗户传给我。"然后他离开了房间。

太监们照他说的做了。<u>孙悟空</u>用他的右手拇指和食指[25]拿住三根线，一根一根，感觉每个点的脉搏。然后他告诉太监将线放到国王右手腕的寸，关和尺。在他们把线放好后，他用左手拿住线，感觉每个点的脉搏。

他完成后，他摇了他的身体，让毛回到他的尾巴上。然后他大声说，"陛下，我仔细地感觉

---

[22] 系   jì – to tie

[23] 腕   wàn – wrist

[24] In TCM one takes the pulse by placing three fingers next to each other on the underside of the wrist at three locations. The one closest to the base of the thumb is called 寸(cùn), the middle one is called 关 (guān) and and the furthest one is 尺 (chǐ). In English these are sometimes called the inch, bar and cubit.

[25] 食指   shízhǐ – index finger

le nǐ de màibó. Wǒ gǎnjué dào hěnduō dōngxi. Nǐ xīntòng, nǐ jīròu xūruò, nǐ de niào lǐ yǒu xuě, nǐ de shēntǐ lǐ yǒu nǚ móguǐ, nǐ de dùzi tài bǎo, nǐ shēntǐ lěng. Yíjù huà, zhè yìsi shì nǐ dānxīn hé hàipà. Zhè zhǒng bìng bèi jiàozuò 'liǎng niǎo fēnlí. ' "

Guówáng tīngdào Sūn Wùkōng yǐjīng zhǎodào le tā shēngbìng de yuányīn, fēicháng gāoxìng. Tā ràng tā de dàchénmen gàosù hóuzi zhǔnbèi yào lái zhì hǎo tā de bìng.

" 'Liǎng niǎo fēnlí' shì shénme yìsi?" tàijiānmen wèn dào.

"Zhè hěn jiǎndān," Sūn Wùkōng shuō. "Dāng liǎng zhī niǎo zài bàofēngyǔ zhōng yìqǐ fēixíng shí, fēng kěnéng huì bǎ tāmen chuī xiàng bùtóng de fāngxiàng. Xióng niǎo xiǎng cí niǎo, cí niǎo xiǎng xióng niǎo. Xiànzài, wǒ bìxū qù zhǔnbèi guówáng de yào. Qǐng mǎshàng jiāng yào sòng dào Huìtóng Guǎn, měi zhǒng yào sān jīn."

"Dànshì yǒu 808 zhǒng bùtóng de yào hé 404 zhǒng bùtóng de bìng.

了你的脉搏。我感觉到很多东西。你心痛，你肌肉[26]虚弱，你的尿里有血，你的身体里有女魔鬼，你的肚子太饱，你身体冷。一句话，这意思是你担心和害怕。这种病被叫做'两鸟分离[27]。'"

国王听到孙悟空已经找到了他生病的原因，非常高兴。他让他的大臣们告诉猴子准备药来治好他的病。

"'两鸟分离'是什么意思？"太监们问道。

"这很简单，"孙悟空说。"当两只鸟在暴风雨中一起飞行时，风可能会把它们吹向不同的方向。雄[28]鸟想雌[29]鸟，雌鸟想雄鸟。现在，我必须去准备国王的药。请马上将药送到会同馆，每种药三斤。"

"但是有 808 种不同的药和 404 种不同的病。

---

26 肌肉　　jīròu – muscle
27 分离　　fēnlí – separate
28 雄　　　xióng – male
29 雌　　　cí – female

Nǐ huì yòng nǎxiē?"

"Bǎ suǒyǒu de yào dōu gěi wǒ. Nǐ huì míngbái de."

Tángsēng qǐshēn, yào gēnzhe Sūn Wùkōng huí jiǔdiàn.
Dàn guówáng zǔzhǐ le tā, gàosù tā yào zài gōng lǐ guòyè.
Guówáng gàosù Tángsēng, dì èr tiān, tā cóng bìng zhōng
huīfù yǐhòu, tā huì gěi yóurén sòng lǐwù, hái yào qiānshǔ
tāmen de tōngguān wénshū. Tángsēng zhīdào zhè shì
shénme yìsi. Tā duì Sūn Wùkōng shuō, "Túdì, tā xiǎng bǎ
wǒ liú zài zhèlǐ chéngwéi rénzhì. Rúguǒ shìqíng méiyǒu
bàn hǎo, tā huì shā le wǒ!"

"Bié dānxīn," Sūn Wùkōng huídá shuō, "zài gōng lǐ
hǎohǎo xiǎngshòu ba. Wǒ shì yígè fēicháng hǎo de
yīshēng."

Sūn Wùkōng huí dào le jiǔdiàn. Tā hé Zhū, Shā yìqǐ chī le
yí dùn hào chī de wǎnfàn. Tā gàosù tāmen fāshēng de
yíqiè. Dāng tāmen chī wán wǎnfàn hòu, tā duì Zhū shuō,
"Hǎo ba, ràng wǒmen kāishǐ ba. Gěi wǒ yì liǎng dàhuáng,
bǎ tā zuò chéng fěn. Zhè jiāng duì guó

你会用哪些？"

"把所有的药都给我。你会明白的。"

唐僧起身，要跟着孙悟空回酒店。但国王阻止了他，告诉他要在宫里过夜。国王告诉唐僧，第二天，他从病中恢复以后，他会给游人送礼物，还要签署他们的通关文书。唐僧知道这是什么意思。他对孙悟空说，"徒弟，他想把我留在这里成为人质[30]。如果事情没有办好，他会杀了我！"

"别担心，"孙悟空回答说，"在宫里好好享受吧。我是一个非常好的医生。"

孙悟空回到了酒店。他和猪、沙一起吃了一顿好吃的晚饭。他告诉他们发生的一切。当他们吃完晚饭后，他对猪说，"好吧，让我们开始吧。给我一两大黄[31]，把它做成粉[32]。这将对国

---

[30] 人质　　rénzhì – hostage
[31] 大黄　　dàhuáng – rhubarb
[32] 粉　　　fěn – powder, pink

wáng shēnshàng qì de liútōng yǒu bāngzhù. Zhè yě huì ràng tā de dùzi shūfu fàngsōng xiàlái." Zhū bú rènwéi zhè duì guówáng lái shuō shì duì de yào, dàn tā qǔchū dàhuáng, bǎ tā zuò chéng le fěn.

Ránhòu Sūn Wùkōng shuō, "Xiànzài gěi wǒ ná yì liǎng bādòu zhǒngzǐ. Zhè jiāng zhì hǎo xīnzàng bìng. Yě bǎ tā zuò chéng fěn. Ránhòu bǎ liǎng zhǒng fěn hùnhé."

Zhū yě bù xiāngxìn zhè zhǒng yào huì bāngzhù guówáng, dàn tā qǔchū le tā, zhǔnbèi le yàofěn. Ránhòu tā wèn, "Nǐ hái xūyào yìxiē yào, shì ma?"

"Bù," Sūn Wùkōng huídá shuō, "jiù zhèyàng. Xiànzài bǎ hēisè de huī cóng zhǔ fàn guō de guō dǐ shàng nòng xiàlái, bǎ tā zuò chéng fěn, ná lái gěi wǒ."

"Wǒ cónglái méi tīngshuōguò yòng guō huī zuò yào," Zhū xiǎoshēng de shuōzhe, dàn tā zhào Sūn Wùkōng shuō de zuò le.

"Hǎo le," Sūn Wùkōng shuō, "xiànzài gěi wǒ bàn bēi wǒmen mǎ

王身上气的流通³³有帮助。这也会让他的肚子舒
服放松下来。"猪不认为这对国王来说是对的
药，但他取出大黄，把它做成了粉。

然后孙悟空说，"现在给我拿一两巴豆³⁴种子。
这将治好心脏³⁵病。也把它做成粉。然后把两种
粉混合。"

猪也不相信这种药会帮助国王，但他取出了
它，准备了药粉。然后他问，"你还需要一些
药，是吗？"

"不，"孙悟空回答说，"就这样。现在把黑
色的灰从煮饭锅的锅底上弄下来，把它做成
粉，拿来给我。"

"我从来没听说过用锅灰做药，"猪小声地说
着，但他照孙悟空说的做了。

"好了，"孙悟空说，"现在给我半杯我们马

---

³³ 流通　　liútōng – circulation
³⁴ 巴豆　　bādòu – croton, an herb used in traditional Chinese medicine
³⁵ 心脏　　xīnzàng – heart

51

de niào."

Shā Wùjìng kànzhe tā shuō, "Gēge, xiǎoxīn diǎn. Nǐ
zhīdào mǎ niào hěn nán wén. Nǐ bùnéng yòng tā zuò
yào. Guówáng huì wén chūlái, huì ǒutù. Rúguǒ tā chī le
dàhuáng hé bādòu zhǒngzǐ, tā jiù huì qù cèsuǒ. Dōngxi
jiù huì cóng tā shēntǐ de shàngxià liǎng gè dìfāng chūlái.
Zhè búshì kāiwánxiào de shìqing."

"Nǐ bù dǒng," Sūn Wùkōng huídá. "Wǒmen de mǎ búshì
pǔtōng de mǎ, tā de niào yě búshì pǔtōng de niào.
Wǒmen de mǎ yǐqián shì xīhǎi de yìtiáo lóng. Tā de niào
yǒu mólì. Wǒ zhǐshì xīwàng tā néng gěi wǒmen yìxiē
niào. Wǒmen qù qǔ ba."

Tāmen sān gè rén zǒu dào wàimiàn, ràng báimǎ gěi
tāmen niào yìxiē niào. Nà mǎ biàn dé fēicháng shēngqì,
yòng rén yǔ shuō, "Shénme? Wǒ jìdé dàng wǒ háishì
xīhǎi de yìtiáo fēilóng de shíhòu. Wǒ bìxū fēicháng
xiǎoxīn wǒ niào niào de dìfāng. Rúguǒ wǒ zài hé lǐ niào
niào, yú huì hē tā, biàn chéng lóng. Rúguǒ wǒ zài shān
cǎo shàng niào niào, nánháimen huì chī nà cǎo, biàn dé
chángshēngbùlǎo. Wǒ bùnéng ràng tā liúrù zhège mǎn
shì tǔ hé huī de shìjiè."

的尿。"

<u>沙悟净</u>看着他说，"哥哥，小心点。你知道马尿很难闻。你不能用它做药。国王会闻出来，会<u>呕吐</u>[36]。如果他吃了大黄和巴豆种子，他就会去厕所。东西就会从他身体的上下两个地方出来。这不是开玩笑的事情。"

"你不懂，"<u>孙悟空</u>回答。"我们的马不是普通的马，他的尿也不是普通的尿。我们的马以前是西海的一条龙。他的尿有魔力。我只是希望他能给我们一些尿。我们去取吧。"

他们三个人走到外面，让白马给他们尿一些尿。那马变得非常生气，用人语说，"什么？我记得当我还是西海的一条飞龙的时候。我必须非常小心我尿尿的地方。如果我在河里尿尿，鱼会喝它，变成龙。如果我在山草上尿尿，男孩们会吃那草，变得长生不老。我不能让它流入这个满是土和灰的世界。"

---

[36] 呕吐　　ǒutù – to vomit

"Xiǎoxīn nǐ shuō de huà," Sūn Wùkōng shuō. "Wǒmen shì zài yí wèi wěidà guówáng de chéngshì lǐ. Wǒmen bìxū zhì hǎo tā, bú nàyàng dehuà, wǒmen jiāng méiyǒu bànfǎ jìxù wǒmen de lǚtú. Wǒmen zhǐ xūyào yì diǎndiǎn nǐ de niào."

Jiù zhèyàng, mǎ wǎng bēizi lǐ niào le jǐ dī niào. Sān gè túdì huí dào le jiǔdiàn. Tāmen bǎ mǎ niào hé dàhuáng, bādòu zhǒngzǐ, hēi guō huī hùnhé zài yìqǐ. Ránhòu tāmen bǎ yào zuò chéng sān gè dà yuán qiú. Tāmen bǎ sān gè yào qiú fàng jìn yígè mù hézi lǐ. Zuò wán hòu, tāmen jiù dōu qù shuìjiào le.

Dì èr tiān zǎoshàng, guówáng jiào Tángsēng lái jiàn tā. Ránhòu guówáng ràng yìqún dàchén qù jiǔdiàn, cóng Sūn Wùkōng nàlǐ ná yào. Dàchénmen zài Sūn Wùkōng miànqián kòutóu shuō, "Sūn bàba, bìxià ràng wǒmen lái qǔ mó yào." Sūn Wùkōng xiàng Zhū diǎn le diǎn tóu, Zhū bǎ nà hé yào gěi le dàchénmen.

Dàchénmen wèn, "Zhè yào jiào shénme?"

Sūn Wùkōng shuō, "Zhè jiào Hēijīn Dān."

"Guówáng yīnggāi zěnme yòngyào?"

"小心你说的话，"孙悟空说。"我们是在一位伟大国王的城市里。我们必须治好他，不那样的话，我们将没有办法继续我们的旅途。我们只需要一点点你的尿。"

就这样，马往杯子里尿了几滴尿。三个徒弟回到了酒店。他们把马尿和大黄、巴豆种子、黑锅灰混合在一起。然后他们把药做成三个大圆球。他们把三个药球放进一个木盒子里。做完后，他们就都去睡觉了。

第二天早上，国王叫唐僧来见他。然后国王让一群大臣去酒店，从孙悟空那里拿药。大臣们在孙悟空面前叩头说，"孙爸爸，陛下让我们来取魔药。"孙悟空向猪点了点头，猪把那盒药给了大臣们。

大臣们问，"这药叫什么？"

孙悟空说，"这叫黑金丹。"

"国王应该怎么用药？"

"Yǒu liǎng zhǒng bùtóng de fāngfǎ. Dì yī zhǒng fāngfǎ shì pào yì zhǒng tèbié de chá. Nǐ bìxū yòng fēi dé hěn kuài de niǎo de pì, yóu dé hěn kuài de yú de niào, Wángmǔ Niángniáng liǎn shàng yòng de fěn, Tài Shàng Lǎojūn huǒpén lǐ de hēi yānhuī, Yùhuáng Dàdì màozi shàng de sāngēn xiàn, hé hěn lèi de lóng de wǔ gēn húzi. Bǎ tāmen zhǔ zài yìqǐ, pào chá gěi guówáng hē."

Dàchénmen hùxiāng kàn le kàn. Qízhōng yìrén shuō, "Dà héshang, wǒmen juédé pào zhè zhǒng chá kěnéng yǒudiǎn kùnnán. Lìng yígè fāngfǎ shì shénme?"

"Ràng guówáng yòng wú gēn shuǐ chī yào. Wú gēn shuǐ shì yòng cóng tiānshàng xiàlái méiyǒu pèng dào dìmiàn de yǔ zuò chéng de."

Dàchénmen tīng le hěn gāoxìng. Tāmen bǎ nà hé yào ná gěi guówáng. Tāmen gàosù tā, zhè zhǒng yào shì Hēijīn Dān, yào yòng wú gēn shuǐ lái chī zhè yào. Guówáng jiào lái tā de móshù shī, mìnglìng tāmen zào yǔ.

Huí dào jiǔdiàn, Sūn Wùkōng xiǎng bāngzhù guówáng dédào wú gēn shuǐ. Tā

"有两种不同的方法。第一种方法是泡一种特别的茶。你必须用飞得很快的鸟的屁[37]，游得很快的鱼的尿，王母娘娘脸上用的粉，太上老君火盆里的黑烟灰，玉皇大帝帽子上的三根线，和很累的龙的五根胡子。把它们煮在一起，泡茶给国王喝。"

大臣们互相[38]看了看。其中一人说，"大和尚，我们觉得泡这种茶可能有点困难。另一个方法是什么？"

"让国王用无根水吃药。无根水是用从天上下来没有碰到地面的雨做成的。"

大臣们听了很高兴。他们把那盒药拿给国王。他们告诉他，这种药是黑金丹，要用无根水来吃这药。国王叫来他的魔术师，命令他们造雨。

回到酒店，孙悟空想帮助国王得到无根水。他

---

[37] 屁　　　pì – fart
[38] 互相　　hùxiāng – each other

ràng Shā zhàn zài tā de zuǒbiān, Zhū zhàn zài tā de yòubiān. Ránhòu tā shuō le yíjù mó yǔ. Bùjiǔ, dōngbian chūxiàn le yì duǒ hēi yún. Tā yuè lái yuè jìn le. Yígè shēngyīn cóng yún shàng chuán lái, "Dà shèng! Shì wǒ, dōnghǎi lóngwáng Áo Guǎng."

"Xièxiè nǐ guòlái," Sūn Wùkōng huídá. "Nǐ néng bāng wǒmen yìdiǎn máng ma? Guówáng xūyào yìxiē wú gēn shuǐ. Nǐ néng wèi tā xià yìdiǎn yǔ ma?"

"Dà shèng, nǐ jiào wǒ de shíhòu, nǐ méiyǒu shuō yào xià yǔ. Wǒ yígè rén lái de. Wǒ méiyǒu dài rènhé púrén qù zào fēng, yún, léi hé shǎndiàn. Wǒ zěnyàng cáinéng ràng tā xià yǔ?"

"Wǒmen bù xūyào tài duō de yǔ, zhǐyào zúgòu gěi guówáng chī yào."

"Hǎo de. Wǒ xiǎng wǒ kěyǐ wèi nǐ tǔ yìdiǎn kǒushuǐ." Lǎo lóng bǎ tā de yún bān dào le gōngdiàn shàngkōng. Ránhòu tā tǔchū yìxiē yǔ. Yǔ zài gōngdiàn shàngkōng xià le liǎng gè xiǎoshí zuǒyòu, dàn qítā dìfāng dōu méiyǒu yǔ. Guówáng gàosù gōng lǐ de suǒyǒu rén, niánqīng de, lǎo de, gāo jíbié de guānyuán, hé dī jíbié de guānyuán, dōu yào pǎo dào wàimiàn, zài yǔ pèng dì zhīqián jiē zhù yǔshuǐ. Dāng yǔ

让沙站在他的左边，猪站在他的右边。然后他
说了一句魔语。不久，东边出现了一朵黑云。
它越来越近了。一个声音从云上传来，"大
圣！是我，东海龙王敖广。"

"谢谢你过来，"孙悟空回答。"你能帮我们
一点忙吗？国王需要一些无根水。你能为他下
一点雨吗？"

"大圣，你叫我的时候，你没有说要下雨。我
一个人来的。我没有带任何仆人去造风、云、
雷和闪电。我怎样才能让它下雨？"

"我们不需要太多的雨，只要足够给国王吃
药。"

"好的。我想我可以为你吐一点口水。"老龙
把他的云搬到了宫殿上空。然后他吐出一些
雨。雨在宫殿上空下了两个小时左右，但其他
地方都没有雨。国王告诉宫里的所有人，年轻
的、老的、高级别的官员、和低级别的官员，
都要跑到外面，在雨碰地之前接住雨水。当雨

tíng hòu, tāmen bǎ tāmen jiē dào de suǒyǒu shuǐ dōu fàng zài yìqǐ. Yǒu sān bēi zuǒyòu. Tāmen bǎ tā gěi le guówáng.

Guówáng yòng yìbēi wú gēn shuǐ chī le dì yī kē yào. Ránhòu tā chī le dì èr kē yào hé yìbēi shuǐ, ránhòu tā chī le dì sān kē yào hé yìbēi shuǐ. Ránhòu tā jiù zuòzhe děng. Jǐ fēnzhōng hòu, tā de dùzi fāchū le fēicháng xiǎng de shēngyīn. Guówáng pǎo dào cèsuǒ, zuò zài mǎtǒng shàng. Tā zài nàlǐ tíngliú le hěn cháng shíjiān.

Zhè yǐhòu, tā hěn lèi, tā tǎng zài tā de yù chuáng shàng shuì le. Tā de liǎng gè púrén jiǎnchá le mǎtǒng. Tāmen kàndào le fēicháng duō de shǐ, hái yǒu yígè yòu dà yòu yìng de zòngzi. "Bìng de yuányīn zhǎodào le!" Tāmen shuō.

Xiūxi hòu, guówáng gǎnjué hǎoduō le. Tā zǒu huí bǎozuò fángjiān. Tā kànjiàn Tángsēng, xiàng Tángsēng kòutóu. Tángsēng hěn chījīng, hěn kuài de zài guówáng miànqián kòutóu. Guówáng shēn chū shuāngshǒu, bāng Tángsēng zhàn qǐlái.

Guówáng ràng tā de yí wèi dàchén dào jiǔdiàn qǐng sān gè túdì lái gōng

停后，他们把他们接到的所有水都放在一起。有三杯左右。他们把它给了国王。

国王用一杯无根水吃了第一颗药。然后他吃了第二颗药和一杯水，然后他吃了第三颗药和一杯水。然后他就坐着等。几分钟后，他的肚子发出了非常响的声音。国王跑到厕所，坐在马桶上。他在那里停留了很长时间。

这以后，他很累，他躺在他的御床上睡了。他的两个仆人检查了马桶。他们看到了非常多的屎[39]，还有一个又大又硬的粽子[40]。"病的原因找到了！"他们说。

休息后，国王感觉好多了。他走回宝座房间。他看见唐僧，向唐僧叩头。唐僧很吃惊，很快地在国王面前叩头。国王伸[41]出双手，帮唐僧站起来。

国王让他的一位大臣到酒店请三个徒弟来宫

---

[39] 屎　　shǐ – shit
[40] 粽子　　zòngzi – rice dumplings
[41] 伸　　shēn – to stretch

diàn. Ránhòu, tā mìnglìng wǎnshàng zài gōngdiàn lǐ jǔxíng yígè dà de gǎnxiè yànhuì. Duōme měihǎo de yànhuì! Wèi Tángsēng hé sān gè túdì zhǔnbèi le sì zhuō sùshí. Yǒu shí bèi yóurénmen néng chī de cài. Qítā rén yǒu sùshí hé ròu, yěshì yǒu shí bèi tāmen měi gè rén néng chī de dōngxi. Yǒu

> Yìbǎi dào nándé de cài
>
> Yìqiān bēi hào jiǔ
>
> Zhūròu yángròu, é hé yā, jī hé yú
>
> Hào chī de rè tāngmiàn
>
> Duō zhǒng xiāngtián de shuǐguǒ
>
> Táng lóng wéizhe tián shīzi
>
> Fènghuáng yàngzi de dà dàngāo

hái yǒu hěnduō hěnduō. Guówáng jǔ qǐ yìbēi jiǔ, xiàng Tángsēng jìngjiǔ. Tángsēng shuō, "Bìxià, wǒ shì yì míng fójiào héshang. Wǒ bùnéng hējiǔ. Dàn wǒ de sān gè túdì huì bāng wǒ hējiǔ."

Guówáng bǎ yìbēi jiǔ gěi le Sūn Wùkōng. Tā hē le nà bēi jiǔ. Guówáng gěi le tā dì èr bēi, tā yě hē le. Ránhòu shì dì sān bēi.

殿。然后，他命令晚上在宫殿里举行一个大的感谢宴会。多么美好的宴会！为<u>唐僧</u>和三个徒弟准备了四桌素食。有十倍游人们能吃的菜。其他人有素食和肉，也是有十倍他们每个人能吃的东西。有

一百道难得的菜

一千杯好酒

猪肉羊肉、鹅和鸭[42]、鸡和<u>鱼</u>

好吃的热汤面

多种香甜的水果

糖龙围着甜狮子

凤凰样子的大蛋糕

还有很多很多。国王举起一杯酒，向<u>唐僧</u>敬酒。<u>唐僧</u>说，"陛下，我是一名佛教和尚。我不能喝酒。但我的三个徒弟会帮我喝酒。"

国王把一杯酒给了<u>孙悟空</u>。他喝了那杯酒。国王给了他第二杯，他也喝了。然后是第三杯。

---

[42] 鸭　　　yā – duck

Zhū kànzhe zhè. Tā zhēn de hěn xiǎng yào yìxiē jiǔ. Dāng guówáng gěi Sūn Wùkōng dì sì bēi shí, tā zài yě bùnéng děng le. Tā dà hǎn, "Bìxià, bāngzhù nǐ de bù zhǐshì nà zhī hóuzi. Wǒmen dōu wèi nǐ zuò le yào. Wǒmen fàng le mǎ...," Sūn Wùkōng hěn kuài de bǎ yìbēi jiǔ dào jìn le Zhū de zuǐ lǐ. Zhū tíngzhǐ le shuōhuà, hē le jiǔ.

Hòulái, guówáng xiǎng zài gěi Sūn Wùkōng yìxiē jiǔ. "Xièxiè nǐ, bìxià," Sūn Wùkōng shuō, "kěshì wǒ bùnéng zài hē le."

"Xǔduō nián lái, zhèn yìzhí bú kuàilè, yìzhí shēngbìng," guówáng shuō. "Dàn nǐ de yào zhì hǎo le zhèn."

"Wǒ kàndào nǐ bù gāoxìng, shēngbìng le, dàn wǒ bù zhīdào wèishénme."

"Gǔrén shuō, 'Jiālǐ de chǒushì bù yīnggāi hé wàimiàn de rén shuō.'"

"Bìxià, nǐ kěyǐ hé wǒ zìyóu de tánhuà."

Guówáng dītóu kàn le yīhuǐ'er tā de jiǔbēi. Ránhòu tā shuō,

猪看着这。他真的很想要一些酒。当国王给孙悟空第四杯时，他再也不能等了。他大喊，"陛下，帮助你的不只是那只猴子。我们都为你做了药。我们放了马...，"孙悟空很快地把一杯酒倒进了猪的嘴里。猪停止了说话，喝了酒。

后来，国王想再给孙悟空一些酒。"谢谢你，陛下，"孙悟空说，"可是我不能再喝了。"

"许多年来，朕一直不快乐，一直生病，"国王说。"但你的药治好了朕。"

"我看到你不高兴，生病了，但我不知道为什么。"

"古人说，'家里的丑事不应该和外面的人说。'"

"陛下，你可以和我自由⁴³地谈话。"

国王低头看了一会儿他的酒杯。然后他说，

---

⁴³ 自由　　　zìyóu – free, unrestrained

"Zhèn yǐqián yǒu sān gè wánghòu, dàn xiànzài zhèn zhǐyǒu liǎng gè. Jīn Wánghòu yǐjīng zǒu le sān nián le."

"Tā zěnmele?"

"Sān nián qián, zhèn hé sān wèi měilì de wánghòu yìqǐ qù Lóngchuán Jié. Wǒmen kàn lóngchuán, chī zòngzi, hējiǔ. Tūrán, yízhèn lěngfēng chuīguò Lóngchuán Jié. Yígè èmó chūxiànzài kōngzhōng. Tā shuō, " wǒ de míngzì shì Sài Tàisuì. Wǒ hěn gūdú, xūyào yígè qīzi. Nǐ xiàn zài bìxū bǎ Jīn Wánghòu gěi wǒ. Rúguǒ nǐ jùjué, wǒ jiù chī le nǐ, ránhòu wǒ huì chī le nǐ suǒyǒu de guānyuán hé dàchén, ránhòu wǒ huì chī le chéng lǐ suǒyǒu de rén." Zhèn bìxū bǎohù zhèn de zhèxiē rén, suǒyǐ zhèn bǎ Jīn Wánghòu gěi le tā. Tā zài lěngfēng zhōng bǎ tā dài zǒu le. Nàtiān zhèn chī de zòngzi biàn dé xiàng shítou yíyàng yìng, zài zhèn de dùzi lǐ yǐjīng yǒusān nián le. Lìngwài, zhèn yìzhí méiyǒu bànfǎ rùshuì. Zhè jiùshì wèishénme zhèn zhè sān nián lái yìzhí shēngbìng. Dàn nǐ bǎ zhèn de shēngmìng huán gěi le zhèn!"

Sūn Wùkōng xiào dào, "Nǐ yùnqì hǎo, néng jiàndào wǒ! Yào wǒ qù wèi nǐ jiějué zhège èmó ma?"

"朕以前有三个王后，但现在朕只有两个。金王后已经走了三年了。"

"她怎么了？"

"三年前，朕和三位美丽的王后一起去龙船节。我们看龙船，吃粽子，喝酒。突然，一阵冷风吹过龙船节。一个恶魔出现在空中。他说，'我的名字是赛太岁。我很孤独，需要一个妻子。你现在必须把金王后给我。如果你拒绝，我就吃了你，然后我会吃了你所有的官员和大臣，然后我会吃了城里所有的人。'朕必须保护朕的这些人，所以朕把金王后给了他。他在冷风中把她带走了。那天朕吃的粽子变得像石头一样硬，在朕的肚子里已经有三年了。另外，朕一直没有办法入睡。这就是为什么朕这三年来一直生病。但你把朕的生命还给了朕！"

孙悟空笑道，"你运气好，能见到我！要我去为你解决这个恶魔吗？"

Guówáng guì dǎo zài dìshàng, shuō, "Zhèn huì bǎ zhèn de wángguó gěi nǐ! Zhèn jiāng dàizhe wǒ de sān wèi wánghòu, guò pǔtōng rén yíyàng de shēnghuó."

Sūn Wùkōng mǎshàng bāngzhe guówáng zhàn qǐlái. Tā shuō, "Bìxià, gàosù wǒ, zhège èmó zài guòqù de sān nián lǐ huílái guò ma?"

"Shì de. Tā yǒu de shíhòu huì huílái. Měi cì, tā dōu yāoqiú wǒmen gěi tā liǎng gè fù rén qù zuò Jīn Wánghòu de púrén. Tā yǐjīng zhèyàng zuò le sì cì le. Zhèn pà tā, suǒyǐ zhèn jiàn le yígè èmó Bìyāo Lóu. Dāng wǒmen tīngdào fēng de shēngyīn shí, wǒmen jiù pǎo qù duǒ zài Bìyāo Lóu lǐ." Guówáng ràng tāmen kàn le Bìyāo Lóu. Nà shì gōngdiàn xiàmiàn èrshí chǐ shēn de yì jiàn dìxià fángjiān.

Jiù zài zhè shí, yízhèn qiángfēng kāishǐ cóng nánmiàn chuī lái. Yǒu yí wèi dàchén yìzhí zài tīng guówáng hé Sūn Wùkōng de tánhuà. Tā dàshēng hǎn dào, "Zhè wèi héshang zhīdào wèilái! Tā zài shuō èmó, èmó jiù lái le!"

Guówáng pǎo jìn le Bìyāo Lóu, hái yǒu Tángsēng, dàchén hé tàijiān. Sūn Wùkōng liú zài wàimiàn. Zhū hé Shā xiǎng yào pǎo jìn Bìyāo Lóu, dàn

国王跪倒在地上，说，"朕会把朕的王国给你！朕将带着我的三位王后，过普通人一样的生活。"

孙悟空马上帮着国王站起来。他说，"陛下，告诉我，这个恶魔在过去的三年里回来过吗？"

"是的。他有的时候会回来。每次，他都要求我们给他两个妇人去做金王后的仆人。他已经这样做了四次了。朕怕他，所以朕建了一个恶魔避妖楼。当我们听到风的声音时，我们就跑去躲在避妖楼里。"国王让他们看了避妖楼。那是宫殿下面二十尺深的一间地下房间。

就在这时，一阵强风开始从南面吹来。有一位大臣一直在听国王和孙悟空的谈话。他大声喊道，"这位和尚知道未来！他在说恶魔，恶魔就来了！"

国王跑进了避妖楼，还有唐僧、大臣和太监。孙悟空留在外面。猪和沙想要跑进避妖楼，但

69

Sūn Wùkōng lā zhù tāmen, zǔzhǐ tāmen táopǎo. Tāmen táitóu wàng xiàng tiānkōng. Tāmen kàndào le shénme?

Jiǔ chǐ jùdà shēn

Yǎn xiàng jīn dēnglóng

Sì kē gāng jiān yá xiàng cháng dāo

Hóng fà méimáo xiàng huǒyàn

Lǜ liǎn, dà bí

Chìjiǎo, cháng fà

Hóngsè jīròu de shǒubì hé lǜsè de shǒu

Yāo shàng bàozi pí

Shǒuzhōng yì cháng máo

Sān gè túdì kàn xiàng èmó. Sūn Wùkōng duì Shā shuō, "Nǐ rènshí tā ma?"

Shā shuō, "Bú rènshí, wǒ yǐqián méiyǒu jiànguò tā."

"Zhū, nǐ ne?"

Zhū shuō, "Bú rènshí, wǒ cónglái méiyǒu hé zhège èmó yìqǐ hēguò jiǔ. Tā búshì wǒ de péngyǒu."

孙悟空拉住他们，阻止他们逃跑。他们抬头望向天空。他们看到了什么？

九尺巨大身

眼像金灯笼

四颗钢尖牙像长刀

红发眉毛像火焰

绿脸、大鼻

赤脚、长发

红色肌肉的手臂和绿色的手

腰上豹子皮

手中一长矛

三个徒弟看向恶魔。孙悟空对沙说，"你认识他吗？"

沙说，"不认识，我以前没有见过他。"

"猪，你呢？"

猪说，"不认识，我从来没有和这个恶魔一起喝过酒。他不是我的朋友。"

Sūn Wùkōng shuō, "Tā kàn qǐlái yǒudiǎn xiàng Dōngshān De Jīnyǎn Guǐ."

"Bù, guǐ zhǐ zài wǎnshàng chūlái. Xiànzài shì zǎoshàng shí diǎn, suǒyǐ tā búshì guǐ. Zhè kěnéng shì Sài Tàisuì."

"Zhū, nǐ yě méiyǒu nàme bèn. Nǐ kěnéng shì duì de. Hǎo ba, nǐmen liú zài zhèlǐ, shǒuwèi shīfu. Wǒ yào wèn zhège móguǐ tā de míngzì. Ránhòu wǒ huì jiùchū Jīn Wánghòu, bǎ tā dài huí guówáng nàlǐ."

孙悟空说，"他看起来有点像东山的金眼鬼。"

"不，鬼只在晚上出来。现在是早上十点，所以它不是鬼。这可能是赛太岁。"

"猪，你也没有那么笨。你可能是对的。好吧，你们留在这里，守卫师父。我要问这个魔鬼他的名字。然后我会救出金王后，把她带回国王那里。"

Dì 70 Zhāng

Sūn Wùkōng tiào dào kōngzhōng. Tā duì èmó hǎn dào, "Nǐ shì cóng nǎlǐ lái de, nǐ zhège wúfǎwútiān de èmó? Nǐ juédé nǐ yào qù nǎlǐ?"

Èmó huídá shuō, "Wǒ shì wěidà de Sài Tàisuì de zhànshì. Wǒ de zhǔrén mìnglìng wǒ qù zhǎo liǎng gè niánqīng nǚrén qù zuò Jīn Wánghòu bìxià de púrén. Nǐ shì shuí, nǐ zěnme gǎn lái wèn wǒ?"

"Wǒ shì Sūn Wùkōng, Qí Tiān Dà Shèng. Wǒ hé Táng sēng yìqǐ qù xītiān, qù qǔ fó de shèngjīng. Wǒmen zhèng jīngguò zhège wángguó. Wǒmen zhīdào nǐ de zhǔrén zài zhège wángguó lǐ zuò de è shì. Wǒ yìzhí zài zhǎo nǐ de zhǔrén. Xiànzài nǐ lái le, zhǔnbèi hǎo diūdiào nǐ de shēngmìng."

Nà zhànshì jiāng cháng máo rēng xiàng hóuzi, hóuzi yòng tā de bàng róngyì de dǎngzhù le tā. Tāmen kāishǐ zài tiānkōng zhōng zhàndòu. Tāmen dǎ le yīhuǐ'er, dàn Sūn Wùkōng gèng qiángdà. Tā bǎ tā de bàng zá zài nà zhànshì de cháng máo shàng, bǎ tā zá chéng liǎng bàn. Zhànshì zhuǎnguò shēn, fēikuài de xiàng xī fēi qù.

Sān gè túdì huí dào Bìyáo Lóu, gàosù guówáng hé Tángsēng, kěyǐ

第 70 章

孙悟空跳到空中。他对恶魔喊道，"你是从哪里来的，你这个无法无天的恶魔？你觉得你要去哪里？"

恶魔回答说，"我是伟大的赛太岁的战士。我的主人命令我去找两个年轻女人去做金王后陛下的仆人。你是谁，你怎么敢来问我？"

"我是孙悟空，齐天大圣。我和唐僧一起去西天，去取佛的圣经。我们正经过这个王国。我们知道你的主人在这个王国里做的恶事。我一直在找你的主人。现在你来了，准备好丢掉你的生命。"

那战士将长矛扔向猴子，猴子用他的棒容易地挡住了它。他们开始在天空中战斗。他们打了一会儿，但孙悟空更强大。他把他的棒砸在那战士的长矛上，把它砸成两半。战士转过身，飞快地向西飞去。

三个徒弟回到避妖楼，告诉国王和唐僧，可以

anquán de chūlái le. Tāmen zǒu le chūlái. Tiān qíng le, méiyǒu fēng, nà zhànshì bújiàn le. Guówáng gǎnxiè Sūn Wùkōng, yòu gěi le tā yìbēi jiǔ. Dàn jiù zài zhè shí, yí wèi dàchén pǎo le guòlái, dà hǎn, "Xīmén zháohuǒ le!"

Sūn Wùkōng tīng le zhè huà, jiù bǎ jiǔbēi rēng dào le kōngzhōng. Tā diào zài le dìshàng. Guówáng hěn chījīng, duì tā shuō, "Dà héshang, nǐ wèishénme bǎ bēizi rēng dào kōngzhōng? Wǒmen zuò le shénme xiūrǔ nǐ de shìqing ma?"

"Yìdiǎn dōu méiyǒu," Sūn Wùkōng xiàozhe shuō. Guò le yīhuǐ'er, lìng yí wèi dàchén pǎo jìnlái shuō, "Xīmén tūrán xià le yì chǎng dàyǔ. Huǒ miè le. Jiēdào shàng dōu shì wén qǐlái xiàng jiǔ de shuǐ."

Sūn Wùkōng duì guówáng shuō, "Bìxià, wǒ yìdiǎn yě méiyǒu yīnwèi nǐ gěi de jiǔ shòudào xiūrǔ. Wǒ zhīdào shì nà zhànshì diǎn le nà dàhuǒ. Suǒyǐ wǒ yòng nà bēi jiǔ bǎ huǒ miè le, jiù fùjìn de rén."

Guówáng bǐ yǐqián gèng kāixīn le. Tā yāoqǐng Tángsēng hé sān gè túdì hé tā yìqǐ lái dào bǎozuò fángjiān. Tā jìhuà bǎ wángguó gěi tā

安全地出来了。他们走了出来。天晴了，没有风，那战士不见了。国王感谢孙悟空，又给了他一杯酒。但就在这时，一位大臣跑了过来，大喊，"西门着火了！"

孙悟空听了这话，就把酒杯扔到了空中。它掉在了地上。国王很吃惊，对他说，"大和尚，你为什么把杯子扔到空中？我们做了什么羞辱你的事情吗？"

"一点都没有，"孙悟空笑着说。过了一会儿，另一位大臣跑进来说，"西门突然下了一场大雨。火灭了。街道上都是闻起来像酒的水。"

孙悟空对国王说，"陛下，我一点也没有因为你给的酒受到羞辱。我知道是那战士点了那大火。所以我用那杯酒把火灭了，救附近的人。"

国王比以前更开心了。他邀请唐僧和三个徒弟和他一起来到宝座房间。他计划把王国给他

men, chéngwéi yígè pǔtōng rén. Dàn zài tā shuōhuà zhīqián, Sūn Wùkōng jiù shuō, "bìxià, nàge zhànshì shuō tā de zhǔrén shì Sài Tàisuì. Wǒ zài zhàndòu zhōng dǎbài le nà zhànshì, suǒyǐ tā yídìng huì huí dào tā de zhǔrén nàlǐ, bàogào fāshēng de shìqing. Ránhòu tā de zhǔrén huì lái zhèlǐ, xiǎng hé wǒ zhàndòu. Zhè jiāng duì nǐ de chéngshì fēicháng bù hǎo. Wǒ yīnggāi zài tā de shāndòng lǐ jiàn tā. Nǐ zhīdào tā zài nǎlǐ ma?"

"Shì de. Tā hěn yuǎn, yǒu yìqiān duō lǐ. Qǐng zài zhèlǐ děngzhe. Zhèn yào wèi nǐ de lǚtú zhǔnbèi yì pǐ kuài mǎ hé yìxiē gàn de shíwù. Nǐ míngtiān jiù kěyǐ líkāi."

"Búyòng! Wǒ jǐ fēnzhōng jiù kěyǐ dào nàlǐ."

"Shèng sēng, zhèn xīwàng nǐ búyào guài wǒ shuō de huà, dàn nǐ piàoliang de liǎn kàn qǐlái hěn xiàng húsūn. Nǐ zěnme néng pǎo zhème kuài?"

"Diànxià, wǒ xuéxí Dào yǐjīng jǐ bǎi nián le. Wǒ xuéhuì le jīndǒu yún, yí tiào jiù néng xíng liù wàn lǐ. Yìqiān zuò shān duì wǒ lái shuō méiyǒu wèntí, yìbǎi tiáo hé duì wǒ lái shuō bú shì shì."

Sūn Wùkōng méiyǒu zài shuō yíjù huà, jiù yòng jīndǒu yún fēi xiàng le yāoguài de shān.

们，成为一个普通人。但在他说话之前，<u>孙悟空</u>就说，"陛下，那个战士说他的主人是<u>赛太岁</u>。我在战斗中打败了那战士，所以他一定会回到他的主人那里，报告发生的事情。然后他的主人会来这里，想和我战斗。这将对你的城市非常不好。我应该在他的山洞里见他。你知道它在哪里吗？"

"是的。它很远，有一千多里。请在这里等着。朕要为你的旅途准备一匹快马和一些干的食物。你明天就可以离开。"

"不用！我几分钟就可以到那里。"

"圣僧，朕希望你不要怪我说的话，但你漂亮的脸看起来很像猢狲。你怎么能跑这么快？"

"殿下，我学习道已经几百年了。我学会了筋斗云，一跳就能行六万里。一千座山对我来说没有问题，一百条河对我来说不是事。"

<u>孙悟空</u>没有再说一句话，就用筋斗云飞向了妖怪的山。

Jǐ fēnzhōng hòu, tā kàndào yí zuò gāoshān, shàngmiàn mǎn shì wùqì. Tā cóng shāndǐng shàng xiàlái. Tā kàn le sìzhōu. Zhè shì yígè měilì de dìfāng. Shānshàng zhǎng mǎn le lǜsè de sōngshù. Tā tīngdào le niǎo er de gēshēng hé huāngyě dòngwù de shēngyīn. Shāntáo guà zài shù shàng. Měi gè dìfāng dōu shì xiānhuā. Tā xiǎng, "Zhè shì yígè è xiān zài tāmen shèngxià de shēngmìng zhòng kěyǐ xìngfú shēnghuó de dìfāng!"

Jiù zài zhè shí, yì tuán dàhuǒ cóng shānjiǎo lǐ fēi chū. Huǒyàn chōng dào tiānshàng. Guò le yīhuǐ'er, huǒyàn zhōng chūxiàn yì tuán jùdà de rè yān. Yānwù chú le hēisè, hái yǒu xǔduō bùtóng de yánsè - lánsè, hóngsè, huángsè, báisè hé hēisè. Kōngqì zhōng mǎn shì yānwù, bǎ huāngyě dòngwù shāo sǐ le, zhǔ le. Xiǎng yào táolí yānwù de niǎo méi le tāmen de yǔmáo.

Ránhòu yì chǎng jùdà de shāchénbào cóng shānshàng guòlái. Tiānkōng zhōng mǎn shì shā hé huī. Zài shānshàng kǎn mù de kǎn mù rén biàn chéng le xiāzi, zhǎo bú dào huí jiā de lù. Sūn Wùkōng yáo le yíxià shēntǐ, biàn chéng yì zhī mièhuǒ de yīng. Tā miè le shānshàng de huǒ, ránhòu huí dào dìmiàn, huīfù le tā zìjǐ de yàngzi.

几分钟后，他看到一座高山，上面满是雾气。他从山顶上下来。他看了四周。这是一个美丽的地方。山上长满了绿色的松树。他听到了鸟儿的歌声和荒野动物的声音。山桃挂在树上。每个地方都是鲜花。他想，"这是一个恶仙在他们剩下的生命中可以幸福生活的地方！"

就在这时，一团大火从山脚里飞出。火焰冲到天上。过了一会儿，火焰中出现一团巨大的热烟。烟雾除了黑色，还有许多不同的颜色 – 蓝色、红色、黄色、白色和黑色。空气中满是烟雾，把荒野动物烧死了，煮了。想要逃离烟雾的鸟没了它们的羽毛。

然后一场巨大的沙尘暴[44]从山上过来。天空中满是沙和灰。在山上砍木的砍木人变成了瞎子，找不到回家的路。孙悟空摇了一下身体，变成一只灭火的鹰。他灭了山上的火，然后回到地面，恢复了他自己的样子。

---

[44] 沙尘暴　　shāchénbào – sandstorm

Tā kàndào yígè niánqīng de móguǐ zǒu zài shānlù shàng.

Móguǐ zài hé tā zìjǐ shuōhuà. Sūn Wùkōng xiǎng tīng tīng tā zài shuō shénme, suǒyǐ jiù biàn chéng le yì zhī xiǎo cāngying. Tā gēnzhe niánqīng de móguǐ, tīngjiàn tā shuō, "Wǒmen de guówáng tài kěpà le. Tā xiān shì dài lái Jīn Wánghòu, dàn tā bùnéng dédào tā. Ránhòu tā dài lái jǐ gè niánqīng nǚrén, shā sǐ le tāmen. Xiànzài tā yùdào le máfan, yīnwèi yǒu yì zhī jiào Sūn de hóuzi huò chàbùduō nàyàng de dōngxi. Wǒmen de guówáng zhèngzài xiàng rénmen zhù de chéngshì fāqǐ zhànzhēng. Tā jiāng yòng huǒ, yānwù hé shāchénbào. Chéngshì lǐ de suǒyǒu rén dōu jiàng sǐqù. Wǒmen de guówáng huì yíng, dàn zhè shì zài hé shàngtiān duìzhe zuò."

Sūn Wùkōng juédé yǒuyìsi de shì, niánqīng de móguǐ shuō "Tā bùnéng dédào tā" hé "Zhè shì zài hé shàngtiān duìzhe zuò," suǒyǐ juédìng hé nàge móguǐ tán tán. Tā biàn le zìjǐ de yàngzi, suǒyǐ tā kàn qǐlái xiàng yígè dàojiào nánhái. Tā zǒu dào niánqīng de móguǐ miànqián shuō, "Xiānshēng, nín guìxìng, nín yào qù nǎlǐ?"

"Wǒ de míngzì jiào Qùlái. Wǒ yào qù rénmen zhù de chéngshì sòng wǒ

他看到一个年轻的魔鬼走在山路上。魔鬼在和他自己说话。孙悟空想听听他在说什么，所以就变成了一只小苍蝇。他跟着年轻的魔鬼，听见他说，"我们的国王太可怕了。他先是带来金王后，但他不能得到她。然后他带来几个年轻女人，杀死了她们。现在他遇到了麻烦，因为有一只叫孙的猴子或差不多那样的东西。我们的国王正在向人们住的城市发起战争。他将用火，烟雾和沙尘暴。城市里的所有人都将死去。我们的国王会赢，但这是在和上天对着做。"

孙悟空觉得有意思的是，年轻的魔鬼说"他不能得到她"和"这是在和上天对着做，"所以决定和那个魔鬼谈谈。他变了自己的样子，所以他看起来像一个道教男孩。他走到年轻的魔鬼面前说，"先生，您贵姓，您要去哪里？"

"我的名字叫去来。我要去人们住的城市送我

wáng de xuānzhàn shū."

"Gàosù wǒ, xiānshēng, Jīn Wánghòu hé nǐ de guówáng shuìguò jiào le ma?"

"Méiyǒu. Yí wèi shénxiān gěi le Jīn Wánghòu yí jiàn mó dǒupéng, yòng lái bǎohù tā. Rúguǒ wǒmen de guówáng xiǎng yào pèng tā, tā jiù huì zhòngzhòng de shānghài tā. Suǒyǐ tā bùnéng pèng tā."

"Nà tā shì búshì xīnqíng bù hǎo?"

"Ò, shì de, tā xīnqíng hěn bù hǎo! Nǐ yīnggāi qù gěi tā chàng yìxiē dàojiào gē, zhè kěnéng huì ràng tā gǎnjué hǎoxiē."

"Xièxiè," Sūn Wùkōng shuō. Ránhòu, tā bǎ tā de jīn gū bàng zá zài Qùlái de tóu shàng, mǎshàng shā sǐ le tā. Tā bǎ móguǐ de shītǐ dài huí le gōngdiàn. Tā bǎ tā ná gěi guówáng, Tángsēng hé lìngwài liǎng gè túdì kàn.

Sūn Wùkōng duì guówáng shuō, "Bìxià, gàosù wǒ, Jīn Wánghòu hé mówáng yìqǐ líkāi de shíhòu, yǒu méiyǒu liú xià tā de dōngxi?

王的宣战书[45]。"

"告诉我，先生，金王后和你的国王睡过觉了吗？"

"没有。一位神仙给了金王后一件魔斗篷，用来保护她。如果我们的国王想要碰她，它就会重重地伤害他。所以他不能碰她。"

"那他是不是心情[46]不好？"

"哦，是的，他心情很不好！你应该去给他唱一些道教歌，这可能会让他感觉好些。"

"谢谢，"孙悟空说。然后，他把他的金箍棒砸在去来的头上，马上杀死了他。他把魔鬼的尸体带回了宫殿。他把它拿给国王、唐僧和另外两个徒弟看。

孙悟空对国王说，"陛下，告诉我，金王后和魔王一起离开的时候，有没有留下她的东西？

---

[45] 宣战书　　xuānzhàn shū – to declare war
[46] 心情　　　xīnqíng – mood, feeling

Dāng wǒ qù jiù tā shí, wǒ xūyào gěi tā kàn yìxiē dōngxi. Rúguǒ wǒ bú nàyàng zuò, tā kěnéng bú huì xiāngxìn wǒ."

"Shì de," guówáng huídá shuō, "tā liú xià le liǎng gè jīn shǒuzhuó. Tā yuánlái dǎsuàn dàizhe tāmen qù Lóngchuán Jié de, dàn dāng èmó lái dài zǒu tā de shíhòu, tā bǎ tāmen liú xià le. Zhèn huì bǎ tāmen dōu gěi nǐ."

Sūn Wùkōng jiēguò nà liǎng gè shǒuzhuó, xièguò guówáng, ránhòu yòng tā de jīndǒu yún, hěn kuài huí dào le Sài Tàisuì de shāndòng. Tā kàndào wǔbǎi míng móguǐ shìbīng zhàn zài shāndòng wài. Hěn kuài, tā jiù bǎ zìjǐ de yàngzi biàn chéng le niánqīng móguǐ Qùlái de yàngzi.

Tā xiàng shāndòng zǒu qù. Yì míng shìbīng shuō, "Qùlái, nǐ lái wǎn le. Wǒmen de guówáng zhèngzài děng nǐ de bàogào."

Sūn Wùkōng jìn le shāndòng. Tā tái qǐtóu, kàndào yígè jùdà de fángjiān, guāng cóng bā gè chuānghù shè jìnlái. Zhōngjiān shì yì zhāng jīnsè de dà yǐzi. Mówáng zuò zài yǐzi shàng.

"Qùlái," mówáng shuō, "nǐ huílái le, shì búshì?"

当我去救她时，我需要给她看一些东西。如果我不那样做，她可能不会相信我。"

"是的，"国王回答说，"她留下了两个金手镯[47]。她原来打算戴着它们去龙船节的，但当恶魔来带走她的时候，她把它们留下了。朕会把它们都给你。"

孙悟空接过那两个手镯，谢过国王，然后用他的筋斗云，很快回到了赛太岁的山洞。他看到五百名魔鬼士兵站在山洞外。很快，他就把自己的样子变成了年轻魔鬼去来的样子。

他向山洞走去。一名士兵说，"去来，你来晚了。我们的国王正在等你的报告。"

孙悟空进了山洞。他抬起头，看到一个巨大的房间，光从八个窗户射进来。中间是一张金色的大椅子。魔王坐在椅子上。

"去来，"魔王说，"你回来了，是不是？"

---

[47] 手镯　　　shǒuzhuó – bracelet

Sūn Wùkōng shénme yě méi shuō.

"Qùlái," mówáng shuō, "nǐ huílái le, shì búshì?"

Sūn Wùkōng háishì shénme yě méi shuō.

Móguǐ zhuā zhù tā, dà hǎn, "Huídá wǒ de wèntí!"

"Wǒ bùxiǎng qù, dàn nǐ ràng wǒ qù. Wǒ zài chéng lǐ kàn dào hěnduō shìbīng. Tāmen kàndào wǒ, zhuā zhù wǒ, dà hǎn 'zhuā móguǐ!' Tāmen bǎ wǒ tuō dào wánggōng qù jiàn tāmen de guówáng. Wǒ gěi le tā xuānzhàn shū. Guówáng fēicháng shēngqì. Tāmen biāndǎ le wǒ sānshí cì, bǎ wǒ gǎn chū chéng wài."

"Wǒ búzàihū tāmen de shìbīng huò wǔqì. Yì chǎng dàhuǒ jiāng jiějué diào tāmen suǒyǒu rén. Xiànzài, qù kàn kàn Jīn Wánghòu. Tā yìzhí zài kū. Gàosù tā, nà guówáng yǒu yì zhī qiángdà de jūnduì, kěnéng huì dǎbài wǒmen. Zhè huì ràng tā gǎnjué hǎoxiē."

"Tài hǎo le! " Sūn Wùkōng xiǎng. Tā qù kàn Jīn Wánghòu. Tā hěn piàoliang, dàn tā de tóufǎ yòu cháng yòu luàn, tā méiyǒu dài rènhé zhūbǎo. Tā zuò zài zìjǐ de fángjiān lǐ. Fùjìn yǒu jǐ gè húlí pū

<u>孙悟空</u>什么也没说。

"<u>去来</u>，"魔王说，"你回来了，是不是？"

<u>孙悟空</u>还是什么也没说。

魔鬼抓住他，大喊，"回答我的问题！"

"我不想去，但你让我去。我在城里看到很多士兵。他们看到我，抓住我，大喊'抓魔鬼！'他们把我拖到王宫去见他们的国王。我给了他宣战书。国王非常生气。他们鞭打了我三十次，把我赶出城外。"

"我不在乎他们的士兵或武器。一场大火将解决掉他们所有人。现在，去看看<u>金</u>王后。她一直在哭。告诉她，那国王有一支强大的军队，可能会打败我们。这会让她感觉好些。"

"太好了！"<u>孙悟空</u>想。他去看<u>金</u>王后。她很漂亮，但她的头发又长又乱⁴⁸，她没有戴任何珠宝。她坐在自己的房间里。附近有几个狐狸仆

---

⁴⁸ 乱　　　luàn – chaotic, messy, confused

rén hé lù púrén.

"Nǐ hǎo," Sūn Wùkōng shuō. "Wǒ shì bìxià de sòngxìn
rén. Tā ràng wǒ qùxiàng Zhū Zǐ Wángguó de guówáng
sòng xuānzhàn shū. Nà guówáng gěi le wǒ yījù mìmì de
huà, ràng wǒ bǎ tā chuán gěi nǐ. Dàn wǒ bùnéng gàosù nǐ
shēnbiān zhèxiē púrén."

Jīn Wánghòu ràng húlí hé lù dōu líkāi. "Gàosù wǒ nà
mìmì de huà," tā shuō.

Sūn Wùkōng mǒ le yíxià liǎn, biàn huí le zhèngcháng de
yàngzi. "Bié pà wǒ. Wǒ shì yígè héshang, jiēshòu le Táng
huángdì de mìnglìng, gēn wǒ shīfu qiánwǎng xītiān.
Wǒmen lái dào le Zhū Zǐ Wángguó. Wǒmen kàndào
guówáng bìng dé hěn zhòng. Wǒ zhì hǎo le tā de bìng.
Guówáng gàosù wǒ, nǐ bèi yígè èmó dài zǒu le. Wǒ yǒu
yìxiē shā sǐ èmó de jìshù, suǒyǐ tā ràng wǒ shìzhe jiù nǐ."

Dāngrán, Jīn Wánghòu bù xiāngxìn tā. Suǒyǐ Sūn Wùkōng
gěi tā kàn le liǎng gè shǒuzhuó. Tā shuō, "Rúguǒ nǐ bù
xiāngxìn wǒ, kàn kàn zhèxiē."

人和鹿仆人。

"你好，"孙悟空说。"我是陛下的送信人。他让我去向朱紫王国的国王送宣战书。那国王给了我一句秘密的话，让我把它传给你。但我不能告诉你身边这些仆人。"

金王后让狐狸和鹿都离开。"告诉我那秘密的话，"她说。

孙悟空抹[49]了一下脸，变回了正常的样子。"别怕我。我是一个和尚，接受了唐皇帝的命令，跟我师父前往西天。我们来到了朱紫王国。我们看到国王病得很重。我治好了他的病。国王告诉我，你被一个恶魔带走了。我有一些杀死恶魔的技术，所以他让我试着救你。"

当然，金王后不相信他。所以孙悟空给她看了两个手镯。他说，"如果你不相信我，看看这些。"

---

[49] 抹   mǒ – to wipe, to rub

Tā kāishǐ kū le qǐlái. Tā shuō, "Rúguǒ nǐ néng bǎ wǒ sòng huí dào wǒ zhàngfu nàlǐ, wǒ dào lǎo, dào méiyǒu yáchǐ, dōuhuì jìdé nǐ."

"Gàosù wǒ, mówáng shì zěnme nòng chū huǒ, yān hé shāchénbào de?"

"Tā yǒu sān zhī jīn líng. Dāng tā yáo dì yī zhī líng shí, jiù huì shèchū yìqiān chǐ gāo de huǒyàn. Dāng tā yáo dì èr zhī líng shí, jiù huì shèchū yì tuán sānqiān chǐ de yān. Dāng tā yáo dì sān zhī líng shí, yì chǎng sānqiān chǐ de shāchénbào jiù kāishǐ le. Tā yìzhí bǎ líng guà zài yāodài shàng."

"Xiànzài, nǐ bìxū wàngjì nǐ duì nǐ zhàngfu de ài. Ràng mówáng rènwéi nǐ ài tā. Bǎ tā dài dào zhèlǐ lái, cóng tā nàlǐ ná dào líng. Wǒ huì tōu zǒu tāmen, dǎbài yāoguài, ràng nǐ huí dào nǐ zìjǐ zhàngfū shēnbiān."

Jīn Wánghòu qù jiàn mówáng. Tā duì tā shuō, "Xiānshēng, sān nián lái, wǒ yìzhí bú ràng nǐ yìqǐ yòng wǒ de zhěntou. Nà shì yīnwèi nǐ bǎ wǒ kàn chéng shì yígè mòshēng rén, búshì nǐ de qīzi. Dāng

她开始哭了起来。她说，"如果你能把我送回到我丈夫那里，我到老、到没有牙齿，都会记得你。"

"告诉我，魔王是怎么弄出火、烟和沙尘暴的？"

"他有三只金铃50。当他摇第一只铃时，就会射出一千尺高的火焰。当他摇第二只铃时，就会射出一团三千尺的烟。当他摇第三只铃时，一场三千尺的沙尘暴就开始了。他一直把铃挂在腰带上。"

"现在，你必须忘记你对你丈夫的爱。让魔王认为你爱他。把他带到这里来，从他那里拿到铃。我会偷走它们，打败妖怪，让你回到你自己丈夫身边。"

金王后去见魔王。她对他说，"先生，三年来，我一直不让你一起用我的枕头。那是因为你把我看成是一个陌生人，不是你的妻子。当

---

50 铃　　　líng – a small bell

wǒ háishì Zhū Zǐ Wángguó de nǚ wáng shí, wǒ de zhàngfu xiāngxìn wǒ, ràng wǒ kānhù tā de bǎobèi. Dàn nǐ bú huì ràng wǒ nàyàng zuò. Rúguǒ nǐ xiāngxìn wǒ, nà jiù ràng wǒ lái kānhù nǐ de bǎobèi. Nàyàng, kěnéng wǒ huì yuànyì zuò nǐ de qīzi."

Mówáng xiào dào, "Xièxiè nǐ gàosù wǒ zhèxiē! Hǎo ba, zhè shì wǒ de bǎobèi." Tā bǎ sān zhī líng gěi le tā, shuō, "Yào xiǎoxīn zhèxiē líng. Nǐ kěyǐ zuò rènhé shì, dàn dōu búyào yáodòng tāmen!"

Wánghòu gàosù tā de púrén, xiǎoxīn de bǎ bǎobèi fàng zài tā de fángjiān lǐ. Ránhòu tā gàosù mówáng, tā xiǎng hé tā yìqǐ chī yí dùn dà yàn, yǒu hěnduō shíwù hé jiǔ, zhèyàng tāmen jiù kěyǐ xiàng zhàngfu hé qīzi yíyàng zài yìqǐ le. Mówáng hěn gāoxìng. Liǎng rén qù le shāndòng de lìng yìbiān, liú xià Sūn Wùkōng yígè rén.

Tāmen gāng zǒu, Sūn Wùkōng jiù pǎo huí wánghòu de fángjiān, ná qǐ le sān zhī líng. Dànshì dāng tā dàizhe tāmen táopǎo shí, tā bù xiǎoxīn yáo le tāmen. Shèchū le jùdà de huǒ zhù, yān zhù hé shā zhù. Shāndòng lǐ de yíqiè dōu kāishǐ ránshāo. Shāndòng lǐ mǎn shì yānwù hé shāwù.

我还是朱紫王国的女王时，我的丈夫相信我，让我看护他的宝贝。但你不会让我那样做。如果你相信我，那就让我来看护你的宝贝。那样，可能我会愿意做你的妻子。"

魔王笑道，"谢谢你告诉我这些！好吧，这是我的宝贝。"他把三只铃给了她，说，"要小心这些铃。你可以做任何事，但都不要摇动它们！"

王后告诉她的仆人，小心地把宝贝放在她的房间里。然后她告诉魔王，她想和他一起吃一顿大宴，有很多食物和酒，这样他们就可以像丈夫和妻子一样在一起了。魔王很高兴。两人去了山洞的另一边，留下孙悟空一个人。

他们刚走，孙悟空就跑回王后的房间，拿起了三只铃。但是当他带着它们逃跑时，他不小心摇了它们。射出了巨大的火柱、烟柱和沙柱。山洞里的一切都开始燃烧。山洞里满是烟雾和沙雾。

Mówáng huílái le, dà hǎn dào, "zāng nú, nǐ wèishénme yào tōu wǒ de bǎobèi? Zhuā zhù tā!" Sūn Wùkōng biàn huí le hóuzi de yàngzi, bá chū tā de jīn gū bàng, jī tuì le mówáng hé tā de shìbīng. Mówáng mìnglìng guānbì shāndòng de dàmén. Sūn Wùkōng biàn chéng yì zhī xiǎo cāngying, fēi jìn yígè hēi'àn de jiǎoluò.

Mówáng hé tā de shìbīng zhǎo bú dào Sūn Wùkōng. Tā de yí wèi dàjiàng, yì zhī dà xióng, zǒu guòlái duì tā shuō, "bìxià, nàge xiǎotōu shì Sūn Wùkōng, nàge dǎbài le wǒmen zhànshì de Sūn Wùkōng. Wǒ xiǎng tā zài lùshàng yùdào le Qùlái, shā sǐ le tā, biàn chéng tā de yàngzi."

"Shì de, nǐ shuō dé duì," mówáng shuō. "Háizimen, búyào dǎkāi dàmén. Wǒmen huì zhǎodào nà zhī hóuzi de!"

魔王回来了，大喊道，"脏奴，你为什么要偷我的宝贝？抓住他！"孙悟空变回了猴子的样子，拔出他的金箍棒，击退⁵¹了魔王和他的士兵。魔王命令关闭山洞的大门。孙悟空变成一只小苍蝇，飞进一个黑暗的角落。

魔王和他的士兵找不到孙悟空。他的一位大将，一只大熊，走过来对他说，"陛下，那个小偷是孙悟空，那个打败了我们战士的孙悟空。我想他在路上遇到了去来，杀死了他，变成他的样子。"

"是的，你说得对，"魔王说。"孩子们，不要打开大门。我们会找到那只猴子的！"

---

⁵¹ 击退　　　jī tuì – to repel

Dì 71 Zhāng

Mówáng hé suǒyǒu de xiǎo móguǐ yì zhěng tiān dōu zài zhǎo Sūn Wùkōng. Tāmen zài zhǎo yì zhī hóuzi, dāngrán, búshì qiáng shàng de cāngying, suǒyǐ tāmen méiyǒu zhǎodào tā. Yèwǎn lái dào shí, tā fēi dào Jīn Wánghòu de fángjiān, tíng zài le tā de jiān shàng. Tā kūzhe shuō,

Qián yìshēng, wǒ shāo le duàn tóu xiāng

Zhè yìshēng, wǒ bèi èmówáng dài zǒu

Shénme shíhòu zài jiàndào wǒ de zhàngfu?

Wǒmen jiù xiàng liǎng zhī bèi bàofēngyǔ fēnkāi de é

Jīntiān wǒ yǒu le xīwàng, dàn xiànzài hóuzi yǐjīng sǐ le

Bèi tā de hàoqí xīn hé jīn líng shā sǐ le

Wǒ bǐ yǐqián rènhé shíhòu dōu gèng xiǎng wǒ de zhàngfu!

Sūn Wùkōng zài tā ěr biān shuō, "Bié hàipà, bìxià. Shì wǒ, hóu wáng. Wǒ hái huózhe. Wǒ bù xiǎoxīn yáo le líng. Huǒ, yān hé shā shè le chūlái. Xiànzài mó wáng yǐjīng suǒ shàng le mén, wǒ chū bú qù, yě méiyǒu líng. Qǐng zuò dé xiàng yígè qīzi, bǎ tā dài dào

第 71 章

魔王和所有的小魔鬼一整天都在找孙悟空。他们在找一只猴子，当然，不是墙上的苍蝇，所以他们没有找到他。夜晚来到时，他飞到金王后的房间，停在了她的肩上。她哭着说，

前一生，我烧了断头香[52]

这一生，我被恶魔王带走

什么时候再见到我的丈夫？

我们就像两只被暴风雨分开的鹅

今天我有了希望，但现在猴子已经死了

被他的好奇心[53]和金铃杀死了

我比以前任何时候都更想我的丈夫！

孙悟空在她耳边说，"别害怕，陛下。是我，猴王。我还活着。我不小心摇了铃。火、烟和沙射了出来。现在魔王已经锁上了门，我出不去，也没有铃。请做得像一个妻子，把他带到

---

[52] A folk belief is that a person who offers the Buddha an incense stick with a "broken head" (断头香, duàn tóu xiāng) is fated to be separated from their loved ones in future lives.

[53] 好奇心　　hàoqí xīn – curiosity

zhèlǐ lái, ràng tā shuìjiào. Ránhòu wǒ kěyǐ táozǒu, zàilái jiù nǐ."

"Wǒ zěnme zuò ne?" Tā wèn, kàn le sìzhōu, dàn méiyǒu kàndào tā.

"Gǔrén shuō, 'Jiǔ shì guò wán yìshēng de zuì hǎo dōngxi,' tāmen hái shuō, 'Jiǔ shì jiějué wèntí de zuì hǎo dōngxi.' Gěi tā zúgòu de jiǔ hē. Wǒ huì bāngmáng de. Ràng wǒ kàn yígè nǐ de nǚnú. Wǒ huì gǎibiàn wǒ de yàngzi, ràng wǒ kàn qǐlái xiàng tā."

Wánghòu hǎn dào, "Chūn Jiāo, qǐng guòlái!" Yígè měilì de xiǎo húlí móguǐ zǒu jìn le fángjiān.

"Bāng wǒ wèi mówáng lái zuò hǎo zhǔnbèi. Diǎn shàng sīchóu dēnglóng, shāoxiāng." Nǚhái zhào tā shuō de zuò le. Ránhòu Sūn Wùkōng tíng zài tā de tóu shàng, cóng tā de tóu shàng bá chū yì gēn tóufà, bǎ tā biàn chéng le yì zhī shuì chóng. Shuì chóng pá jìn le tā de bízi. Zhè ràng Chūn Jiāo shuìzháo le. Kàn tā shuìzháo le, Sūn Wùkōng jiù biàn le tā de yàng

这里来，让他睡觉。然后我可以逃走，再来救你。"

"我怎么做呢？"她问，看了四周，但没有看到他。

"古人说，'酒是过完一生的最好东西[54]，'他们还说，'酒是解决问题的最好东西。'给他足够的酒喝。我会帮忙的。让我看一个你的女奴。我会改变我的样子，让我看起来像她。"

王后喊道，"春娇，请过来！"一个美丽的小狐狸魔鬼走进了房间。

"帮我为魔王来做好准备。点上丝绸灯笼，烧香。"女孩照她说的做了。然后孙悟空停在她的头上，从他的头上拔出一根头发，把它变成了一只睡虫。睡虫爬进了她的鼻子。这让春娇睡着了。看她睡着了，孙悟空就变了他的样

---

[54] This phrase 酒是过完 一生的最好东西 has a dual meaning because of the multiple meanings of 完. It can be read as "wine is best for completing a life" (that is, wine is the best thing in life) or "wine is best for ending a life."

zi, ràng tā kàn shàngqù zhǎng dé xiàng Chūn Jiāo. Tā bǎ
zhēn de Chūn Jiāo tuōjìn le fángjiān de yígè hēi'àn
jiǎoluò.

Jīn Wánghòu zǒu dào mówáng miànqián, duì tā xiào le
xiào, shuō, "Qīn'ài de, nǐ yídìng shì lèi le. Qǐng qù
chuángshàng ba." Tā gēnzhe tā jìn le tā de fángjiān. Tā
duì jiǎ de Chūn Jiāo shuō, "Gěi bìxià sòng jiǔ lái, tā lèi le."

Jiǎ nǚhái púrén ná lái le jiǔ. Jīn Wánghòu gěi le mówáng
yìbēi jiǔ, ránhòu yòu gěi le yìbēi, ránhòu yòu gěi le yìbēi.
Mówáng kāishǐ biàn dé fēicháng xiǎng shuìjiào, yǒudiǎn
zuì le.

Sūn Wùkōng xūyào nádào sān zhī jīn líng. Tā cóngtóu
shàng bá xià yìxiē máofà, zài shàngmiàn chuī le chuī, bǎ
tāmen biàn chéng jǐ bǎi zhī tiàozǎo. Tiàozǎo pá mǎn le
mówáng de yīfu. Zhè ràng tā fēicháng bù shūfu.
"Duìbùqǐ, qīn'ài de," tā bàn bìzhe yǎnjīng xiǎoshēng de
shuō, "dàn wǒ de yīfu hǎoxiàng hěn zāng."

"Méi wèntí, qīn'ài de," tā shuō. "Ràng wǒ bǎ nǐ de yīfu
tuō le." Tā tuō diào le tā de yīfu, dàn sān zhī líng hái zài
tā de yāodài shàng. Sūn Wùkōng ràng tiàozǎo pá dào
yāodài hé sān zhī líng shàng. Xiànzài, líng shàng pá mǎn
le xiǎo chóng.

子，让他看上去长得像春娇。他把真的春娇拖进了房间的一个黑暗角落。

金王后走到魔王面前，对他笑了笑，说，"亲爱的，你一定是累了。请去床上吧。"他跟着她进了她的房间。她对假的春娇说，"给陛下送酒来，他累了。"

假女孩仆人拿来了酒。金王后给了魔王一杯酒，然后又给了一杯，然后又给了一杯。魔王开始变得非常想睡觉，有点醉了。

孙悟空需要拿到三只金铃。他从头上拔下一些毛发，在上面吹了吹，把它们变成几百只跳蚤。跳蚤爬满了魔王的衣服。这让他非常不舒服。"对不起，亲爱的，"他半闭着眼睛小声地说，"但我的衣服好像很脏。"

"没问题，亲爱的，"她说。"让我把你的衣服脱了。"她脱掉了他的衣服，但三只铃还在他的腰带上。孙悟空让跳蚤爬到腰带和三只铃上。现在，铃上爬满了小虫。

"Bìxià," jiǎ nǚhái púrén shuō, "bǎ nàxiē líng gěi wǒ. Wǒ bāng nǐ zhuā tiàozǎo." Guówáng fēicháng xiǎng shuì, fēicháng kùnhuò, tā zhào tā de huà zuò le. Jiǎ nǚhái púrén ná qǐ líng, cáng zài xiùzi lǐ. Ránhòu tā yòng tóufà zuò le sān zhī jiǎ líng. Mówáng méiyǒu kàndào zhèxiē.

"Yào fēicháng xiǎoxīn," tā xiǎoshēng de shuō, ránhòu tā shuìzháo le.

Kàn tā shuìzháo le, Sūn Wùkōng jiù biàn huí le tā zìjǐ de yàngzi. Sān zhī líng hái zài tā de xiùzi lǐ. Tā biàn dé kàn bújiàn le. Tā zǒu dào dòngkǒu de mén qián, yòng kāisuǒ de mófǎ dǎkāi le dòngkǒu de mén, líkāi le shāndòng.

Dì èr tiān zǎoshàng, Sūn Wùkōng yòng bàng qiāodǎ dàmén, dà hǎn, ràng mówáng chūlái hé tā zhàndòu. "Wǒ shì nǐ de wàigōng. Wǒ cóng Zhū Zǐ Wángguó lái, shì lái yào huí Jīn Wánghòu de." Ránhòu tā yòng tā de bàng zá suì le qiánmén.

Yìxiē xiǎo móguǐ tīngdào zhè huà, pǎo huí le gānggāng qǐchuáng de mówáng nàlǐ. "Shāndòng wàimiàn yǒurén, tā shuō tā shì wàilái de

"陛下，"假女孩仆人说，"把那些铃给我。我帮你抓跳蚤。"国王非常想睡，非常困惑，他照她的话做了。假女孩仆人拿起铃，藏在袖子里。然后她用头发做了三只假铃。魔王没有看到这些。

"要非常小心，"他小声地说，然后他睡着了。

看他睡着了，孙悟空就变回了他自己的样子。三只铃还在他的袖子里。他变得看不见了。他走到洞口的门前，用开锁的魔法打开了洞口的门，离开了山洞。

第二天早上，孙悟空用棒敲打大门，大喊，让魔王出来和他战斗。"我是你的外公。我从朱紫王国来，是来要回金王后的。"然后他用他的棒砸碎了前门。

一些小魔鬼听到这话，跑回了刚刚起床的魔王那里。"山洞外面有人，他说他是外来的

rén," tāmen shuō. "Tā gānggāng zá huài le qiánmén."

Mówáng chuān shàng kuījiǎ, zǒu dào le wàimiàn. Tā kàn
dào le Sūn Wùkōng. Tā hǎn dào, "Nǐ zěnme gǎn lái wǒjiā
zhǎo máfan? Nǐ shì shuí?"

"Tīng tīng wǒ de gùshì," Sūn Wùkōng shuō. Ránhòu, tā
cháng cháng de, zǐxì de jiǎng le tā de yìshēng, cóng tā zài
Huāguǒ Shān shàng chūshēng shí de yì zhī xiǎo shí hóu
kāishǐ. Tā tándào zài tiāngōng zhǎo máfan hé bèi fózǔ
guān zài shānxià wǔbǎi nián de shì. Tā zuìhòu shuō, tā
xiànzài zhèngzài bāngzhù Tángsēng xīxíng.

"Yuánlái, nǐ shì nà zhī zài tiāngōng zhǎo máfan de
wúfǎwútiān de hóuzi. Nǐ wèishénme zài zhèlǐ zhǎo wǒ de
máfan?"

"Nǐ zhège zéi yāoguài! Zhū Zǐ Wángguó de guówáng ràng
wǒ bāngzhù tā, zhè jiùshì wǒ wèishénme zài zhèlǐ.
Xiànzài shì shì wǒ de bàng!"

Tāmen liǎ kāishǐ dǎ le qǐlái. Hóuzi yòng tā de jīn gū bàng,
mó

人[55]，"他们说。"他刚刚砸坏了前门。"

魔王穿上盔甲，走到了外面。他看到了<u>孙悟空</u>。他喊道，"你怎么敢来我家找麻烦？你是谁？"

"听听我的故事，"<u>孙悟空</u>说。然后，他长长地、仔细地讲了他的一生，从他在<u>花果</u>山上出生时的一只小石猴开始。他谈到在天宫找麻烦和被佛祖关在山下五百年的事。他最后说，他现在正在帮助<u>唐僧</u>西行。

"原来，你是那只在天宫找麻烦的无法无天的猴子。你为什么在这里找我的麻烦？"

"你这个贼妖怪！<u>朱紫</u>王国的国王让我帮助他，这就是我为什么在这里。现在试试我的棒！"

他们俩开始打了起来。猴子用他的金箍棒，魔

---

55 When Sun Wukong says he is a grandpa, he uses the word 外公 (wàigōng) which means maternal grandfather. But the characters taken one at a time are 外 (wài) meaning "outside" or "foreign," and 公 (gōng) which means "male" when used as a noun.

wáng yòng tā de fǔtóu. Tāmen dǎ le wǔshí gè láihuí.

Ránhòu móguǐ shuō, "Hóuzi, tíng xiàlái. Wǒ hái méiyǒu chī zǎofàn. Zài zhèlǐ děngzhe, wǒ hěn kuài jiù huílái."

"Méi wèntí. Yígè hǎo de dǎliè rén bú huì qù zhuī yì zhī hěn lèi de tùzi. Qù chī zǎofàn ba, wǒ zài zhèlǐ děngzhe."

Mówáng pǎo huí shāndòng lǐ. Tā duì Jīn Wánghòu shuō, "Kuài! Sān zhī jīn líng zài nǎlǐ?" Tā bǎ Sūn Wùkōng zuò de jiǎ líng gěi le tā.

Mówáng yòu pǎo dào wàimiàn, duì Sūn Wùkōng hǎn dào, "Búyào zǒu. Kàn wǒ yáo líng."

Sūn Wùkōng xiào dào, "Dāngrán. Dànshì, rúguǒ nǐ yáo nǐ de líng, wǒ jiù yào yáo wǒ de líng." Tā bǎ sān zhī líng ná le chūlái, gěi mówáng kàn.

Mówáng kàndào tāmen. Tā hěn chījīng. "Nǐ cóng nǎlǐ dédào zhèxiē líng?" tā wèn.

"Nǐ cóng nǎlǐ dédào de?"

"Wǒ de líng shì yòng Bāguà Lú shāo chūlái de jīn zuò de. Tāmen shì Tài Shàng Lǎojūn zìjǐ zuò de."

王用他的斧头。他们打了五十个来回。然后魔鬼说，"猴子，停下来。我还没有吃早饭。在这里等着，我很快就回来。"

"没问题。一个好的打猎人不会去追一只很累的兔子。去吃早饭吧，我在这里等着。"

魔王跑回山洞里。他对金王后说，"快！三只金铃在哪里？"她把孙悟空做的假铃给了他。

魔王又跑到外面，对孙悟空喊道，"不要走。看我摇铃。"

孙悟空笑道，"当然。但是，如果你摇你的铃，我就要摇我的铃。"他把三只铃拿了出来，给魔王看。

魔王看到它们。他很吃惊。"你从哪里得到这些铃？"他问。

"你从哪里得到的？"

"我的铃是用八卦炉烧出来的金做的。它们是太上老君自己做的。"

"Zhè hěn yǒuyìsi, wǒ de líng yěshì yòng tóngyàng de fāngfǎ zuò de. Wǒ de shì cí de, nǐ de shì xióng de."

"Nǐ hěn bèn. Zhèxiē shì bǎobèi, búshì dòngwù. Tāmen bù kěnéng shì cí huò xióng." Tā yáo le yáo tā de sān zhī líng, dàn shénme yě méi fāshēng. Tā kànzhe líng. Tā shuō, "Yǒuxiē búduì. Kěnéng xióng de hàipà cí de. Tāmen kàndào le cí de líng, zhè jiùshì wèishénme shénme dōu méi fāshēng."

"Kěnéng ba. Ràng wǒmen kàn kàn wǒ de líng néng zuò shénme." Sūn Wùkōng yáo le tā de sān zhī líng. Huǒ, yān hé shā cóng líng zhōng shèchū. Shānshàng de shùmù kāishǐ ránshāo. Yān màn tiānkōng, shā gài dàdì. Mówáng méiyǒu bànfǎ táolí. Tā zhǔnbèi qù sǐ.

Jiù zài zhè shí, Sūn Wùkōng tīngdào yígè nǚrén de shēngyīn shuō, "Sūn Wùkōng, wǒ zài zhèlǐ." Shì Guānyīn púsà. Tā zuǒshǒu názhe yì huāpíng shuǐ. Tā de yòushǒu názhe yì gēn liǔ shùzhī. Tā yáo le yáo liǔ shùzhī, jǐ dī shuǐ jiù chūlái le. Dàhuǒ bèi miè le, yān hé shā xiāoshī le.

Sūn Wùkōng mǎshàng bǎ líng fàng zài tā de cháng yī lǐ, ránhòu xiàng púsà kētóu. Tā duì tā shuō, "Wǒ lái zhèlǐ shì wèi le zhǎodào zhège

"这很有意思，我的铃也是用同样的方法做的。我的是雌的，你的是雄的。"

"你很笨。这些是宝贝，不是动物。它们不可能是雌或雄。"他摇了摇他的三只铃，但什么也没发生。他看着铃。他说，"有些不对。可能雄的害怕雌的。它们看到了雌的铃，这就是为什么什么都没发生。"

"可能吧。让我们看看我的铃能做什么。"孙悟空摇了他的三只铃。火、烟和沙从铃中射出。山上的树木开始燃烧。烟漫天空，沙盖大地。魔王没有办法逃离。他准备去死。

就在这时，孙悟空听到一个女人的声音说，"孙悟空，我在这里。"是观音菩萨。她左手拿着一花瓶水。她的右手拿着一根柳树枝。她摇了摇柳树枝，几滴水就出来了。大火被灭了，烟和沙消失了。

孙悟空马上把铃放在他的长衣里，然后向菩萨磕头。她对他说，"我来这里是为了找到这个

xié'è de yāoguài, yào bǎ tā dài zǒu."

"Qǐngwèn púsà, zhège yāoguài shì shuí, nǐ wèishénme yào hěn máfan de qù zhuā tā?"

"Tā shì wǒ yǐqián qí de yì zhī jīnmáo láng. Yígè nánhái púrén yīnggāi kànzhe tā, dàn nánhái shuìzho le, láng pǎo le. Ránhòu láng qù le Zhū Zǐ Wángguó qù jiù guówáng."

Sūn Wùkōng yòu kētóu shuō, "Púsà, wǒ bìxū gàosù nǐ, nǐ bǎ gùshì dào guòlái le. Zhège móguǐ méiyǒu jiāng guówáng cóng máfan zhōng jiù chūlái. Tā dài qù le máfan. Sān nián lái, tā yìzhí zài duì Zhū Zǐ Wángguó de guówáng hé wánghòu zuò kěpà de shìqing."

"Wùkōng, nǐ bù míngbái. Duōnián qián de yìtiān, dāng Zhū Zǐ Wángguó de guówáng háishì yígè niánqīng rén de shíhòu, tā qù dǎliè. Tā kàndào le yì zhī xióng kǒngquè hé yì zhī cí kǒngquè. Xióng kǒngquè hé cí kǒngquè qíshí shì xīfāng fózǔ mǔqīn de liǎng gè háizi. Niánqīng de guówáng dǎ shāng le xióng kǒngquè, shā sǐ le cí kǒngquè. Fózǔ de mǔqīn mìnglìng guówáng hé tā de qīzi fēnkāi sān nián, zhèyàng tā jiù kěyǐ xiàng xióng kǒngquè hé cí kǒngquè yíyàng gǎndào fēnlí de tòngkǔ.

邪恶的妖怪，要把他带走。"

"请问菩萨，这个妖怪是谁，你为什么要很麻烦地去抓他？"

"它是我以前骑的一只金毛狼。一个男孩仆人应该看着他，但男孩睡着了，狼跑了。然后狼去了朱紫王国去救国王。"

孙悟空又磕头说，"菩萨，我必须告诉你，你把故事倒过来了。这个魔鬼没有将国王从麻烦中救出来。他带去了麻烦。三年来，他一直在对朱紫王国的国王和王后做可怕的事情。"

"悟空，你不明白。多年前的一天，当朱紫王国的国王还是一个年轻人的时候，他去打猎。他看到了一只雄孔雀[56]和一只雌孔雀。雄孔雀和雌孔雀其实是西方佛祖母亲的两个孩子。年轻的国王打伤了雄孔雀，杀死了雌孔雀。佛祖的母亲命令国王和他的妻子分开三年，这样他就可以像雄孔雀和雌孔雀一样感到分离的痛苦。

---

[56] 孔雀　　kǒngquè – peacock (or a peahen when preceded by 雌)

113

Tā hái mìnglìng ràng guówáng dé "liǎng niǎo fēnlí" de

bìng."

"Zhè hé móguǐ yǒu shénme guānxì?"

"Fózǔ de mǔqīn shuō zhè jù huà de shíhòu, wǒ zhèngzài

fùjìn qízhe wǒ de láng. Láng tīngdào le tā de huà. Dāng

tā táozǒu shí, tā lái dào zhèlǐ, dàizhe guówáng de qīzi qù

wánchéng fózǔ mǔqīn de xīnyuàn. Nà shì sān nián qián

de shì le. Xiànzài guówáng de chéngfá yǐjīng jiéshù. Nǐ zhì

hǎo le tā de bìng, nǐ jiù le tā de qīzi. Búyào shā sǐ nàge

móguǐ. Wǒ huì bǎ tā dài huíqù de."

"Rúguǒ nǐ bǎ tā dài huí nánhǎi, nǐ yídìng bùnéng zài ràng

tā táo dào rénjiān le."

Guānyīn zhuǎnxiàng móguǐ shuō, "Xié shòu! Biàn huí nǐ

zìjǐ de yàngzi!" Móguǐ yáo le yáo, biàn chéng le yìtóu

huáng máo láng. Guānyīn qí zài tā shēnshàng. Tā zhǔnbèi

qízhe tā líkāi, dàn tā dītóu kànzhe tā de bózi. Méiyǒu

kànjiàn sān zhī jīn líng. "Wùkōng. Bǎ sān zhī líng gěi wǒ."

"Wǒ méi jiànguò tāmen."

"Zéi hóu! Mǎshàng bǎ líng gěi wǒ, bú nàyàng dehuà, wǒ

jiù huì

她还命令让国王得"两鸟分离"的病。"

"这和魔鬼有什么关系？"

"佛祖的母亲说这句话的时候，我正在附近骑着我的狼。狼听到了她的话。当他逃走时，他来到这里，带着国王的妻子去完成佛祖母亲的心愿。那是三年前的事了。现在国王的惩罚已经结束。你治好了他的病，你救了他的妻子。不要杀死那个魔鬼。我会把他带回去的。"

"如果你把他带回南海，你一定不能再让他逃到人间了。"

观音转向魔鬼说，"邪兽！变回你自己的样子！"魔鬼摇了摇，变成了一头黄毛狼。观音骑在他身上。她准备骑着他离开，但她低头看着他的脖子。没有看见三只金铃。"悟空。把三只铃给我。"

"我没见过它们。"

"贼猴！马上把铃给我，不那样的话，我就会

niàn jǐn tóu dài yǔ."

"Bié niàn le! Bié niàn le! Zhè shì líng." Tā bǎ shǒu shēn
jìn hǔ pí cháng yī, ná chū líng, xiǎoxīn de gěi le Guānyīn.
Guānyīn bǎ líng guà zài láng de bózi shàng. Ránhòu, púsà
shēn gài jīn bù, fēi xiàng nánhǎi.

Sūn Wùkōng huí dào shāndòng lǐ. Tā shā sǐ le suǒyǒu de
xiǎo móguǐ. Zài shāndòng de hòumiàn, tā zhǎodào le Jīn
Wánghòu. Tā gàosù tā fāshēng de yíqiè. Tā hái gàosù tā
wèishénme zài guòqù sān nián lǐ tā bìxū hé tā de zhàngfū
fēnkāi. Ránhòu tā zhǎo le yìxiē hěn ruǎn de cǎo, wèi tā
zuò le yìtiáo cǎo lóng. Tā duì tā shuō, "Qǐng zuò zài zhège
shàngmiàn, bì shàng yǎnjīng."

Tāmen qí zài yún shàng, fēi huí Zhū Zǐ Wángguó. Tā zǒu
jìn guówáng de gōngdiàn, zǒu jìn bǎozuò fángjiān.
Guówáng zài nàlǐ. Tā tiào qǐlái, pǎo xiàng tā. Tā bào zhù
tā. Ránhòu tā ná huí tā de shǒubì, shuō, "Zhèn de shǒu!
Hǎo tòng! Hǎo tòng!"

Zhū kàndào zhè, xiào dào, "Hāhā! Guówáng bùnéng
xiǎngshòu kuàilè!"

Sūn Wùkōng duì Zhū hé bǎozuò fángjiān lǐ de qítā rén
shuō, "Wánghòu

念紧头带语。"

"别念了！别念了！这是铃。"他把手伸进虎皮长衣，拿出铃，小心地给了观音。观音把铃挂在狼的脖子上。然后，菩萨身盖金布，飞向南海。

孙悟空回到山洞里。他杀死了所有的小魔鬼。在山洞的后面，他找到了金王后。他告诉她发生的一切。他还告诉她为什么在过去三年里她必须和他的丈夫分开。然后他找了一些很软的草，为她做了一条草龙。他对她说，"请坐在这个上面，闭上眼睛。"

他们骑在云上，飞回朱紫王国。她走进国王的宫殿，走进宝座房间。国王在那里。他跳起来，跑向她。他抱住她。然后他拿回他的手臂，说，"朕的手！好痛！好痛！"

猪看到这，笑道，"哈哈！国王不能享受快乐！"

孙悟空对猪和宝座房间里的其他人说，"王后

chuānzhe yí jiàn yǒu dú de wàiyī. Rènhé pèng tā de rén dōuhuì gǎndào hěn tòng. Zhè jiùshì wèishénme mówáng zài tā shāndòng lǐ de sān nián lǐ méiyǒu hé tā yìqǐ shuìjiào de yuányīn."

Dàchénmen wèn, "Wǒmen néng zuò xiē shénme ne?"

Jiù zài zhè shí, tāmen tīngdào yǒurén cóng shàngmiàn hǎn dào, "Dà shèng, wǒ lái le! " Tāmen dōu táiqǐtóu lái. Cóng tiānshàng xiàlái de shì yígè bèi guāng hé wù bāowéizhe de rén. Sūn Wùkōng rèn chū le tā. Tā shuō, "Nǐ hǎo, Zhāng Zǐyáng. Nǐ zài zhèlǐ zuò shénme?"

Zhāng huídá shuō, "Sān nián qián, wǒ jīngguò zhège wángguó. Mówáng zhuā Jīn Wánghòu de shíhòu, wǒ zhèngzài Lóngchuán Jié. Wǒ dānxīn wánghòu huì shòudào shānghài, suǒyǐ wǒ zuò le yí jiàn tèbié de dǒupéng, bǎ tā gěi le mówáng. Tā jiù chéng le mówáng sòng gěi nǚwáng de jiéhūn lǐwù. Zhǐyào tā chuān shàng dǒupéng, tā de shēnshàng jiù huì zhǎng mǎn dú cì. Zhè bǎohù le tā, ràng tā bú shòudào mówáng de shānghài. Xiàn

穿着一件有毒[57]的外衣。任何碰她的人都会感到很痛。这就是为什么魔王在她山洞里的三年里没有和她一起睡觉的原因。"

大臣们问，"我们能做些什么呢？"

就在这时，他们听到有人从上面喊道，"大圣，我来了！"他们都抬起头来。从天上下来的是一个被光和雾包围着的人。孙悟空认出了他。他说，"你好，张紫阳[58]。你在这里做什么？"

张回答说，"三年前，我经过这个王国。魔王抓金王后的时候，我正在龙船节。我担心王后会受到伤害，所以我做了一件特别的斗篷，把它给了魔王。它就成了魔王送给女王的结婚礼物。只要她穿上斗篷，她的身上就会长满毒刺。这保护了她，让她不受到魔王的伤害。现

---

[57] 毒   dú – poison, toxic
[58] Zhang Boduan (or Zhang Ziyang) was a 10th century civil servant who became a Daoist master and expert on Zen Buddhism. He wrote a famous book, the 悟真篇 (Wùzhēn Piān), "Folios on Awakening to Reality/ Perfection," a collection of 81 poems on Daoist inner alchemy.

zài wǒ yào qùdiào dǒupéng hé dú cì."

Tā yòng shǒuzhǐ zhǐxiàng wánghòu. Dǒupéng cóng tā de shēnshàng tuō xià. Zhāng tái qǐ tā de shuāngshǒu shuō zàijiàn, ránhòu tā shàng le tiānkōng, xiāoshī bújiàn le.

Sūn Wùkōng gēn wánghòu, Tángsēng, lìngwài liǎng gè túdì hé gōng zhōng suǒyǒu de dàchénmen dōu jiǎng le huà. Tā cóngtóu dàowěi jiǎng le zhěnggè gùshì. Dāng tā jiǎng wán shí, guówáng wèi tāmen jǔxíng le yígè dà yànhuì. Ránhòu tā qiānshǔ le tāmen de tōngguān wénshū. Zuìhòu, tā qǐng Tángsēng zuò shàng guówáng de lóng chē. Guówáng, sān wèi wánghòu hé dàchénmen yòng zìjǐ de shuāngshǒu tuīzhe héshang de mǎchē, sān gè túdì zuòzhe lìng yí liàng mǎchē.

Zài chéngshì de biānjiè, Tángsēng hé tā de sān gè túdì cóng mǎchē shàng xiàlái, yòu kāishǐ xiàng xī zǒu. Wǒmen bù zhīdào děngzhe tāmen de huì shì zěnyàng de kǎoyàn. Dāng wǒmen de gùshì jìxù shí, wǒmen jiāng huì zhīdào...

在我要去掉斗篷和毒刺。"

他用手指指向王后。斗篷从她的身上脱下。张抬起他的双手说再见，然后他上了天空，消失不见了。

孙悟空跟王后、唐僧、另外两个徒弟和宫中所有的大臣们都讲了话。他从头到尾讲了整个故事。当他讲完时，国王为他们举行了一个大宴会。然后他签署了他们的通关文书。最后，他请唐僧坐上国王的龙车。国王、三位王后和大臣们用自己的双手推着和尚的马车，三个徒弟坐着另一辆马车。

在城市的边界，唐僧和他的三个徒弟从马车上下来，又开始向西走。我们不知道等着他们的会是怎样的考验。当我们的故事继续时，我们将会知道...

The Monkey Doctor

Chapter 68

The Buddhist monk Tangseng and his three disciples – the monkey king Sun Wukong, the pig-man Zhu Bajie, and the quiet man Sha Wujing – had been traveling towards the western heaven for several years. The cool and wet spring had turned to a hot and dry summer. One day as they walked, they saw a large city in front of them. A wide moat surrounded the high city walls.

Tangseng called out, "Disciples, look at that. What city is it?"

Sun Wukong said, "Master, it looks like you don't know how to read. The name of the city is written on that yellow banner. It says, 'Scarlet Purple Kingdom.'"

"I have never heard of this kingdom," said Tangseng. "We must stop here and get our travel rescript certified."

They crossed over the moat on a bridge and entered the city through the main gate. As they walked through the streets, they saw that the city was large and beautiful. Most buildings had a shop or restaurant on the first floor and homes on the upper floors. Boats came from far away, bringing goods to the people of the city. Great palaces rose towards the sky.

The streets were crowded with people shopping, talking, and doing business. But when the townspeople saw the four strangers, they stopped and stared. Tangseng said to his disciples, "Don't start any trouble. Keep your heads down and keep moving." Zhu and Sha lowered their heads, but Sun Wukong kept his head high, looking around for trouble.

After a while, most of the people stopped following them and returned to what they were doing before. But a group of young people continued to follow the travelers, laughing and throwing stones at Zhu. Tangseng became quite nervous, but they kept walking.

After a while they arrived at a building called the Hostel of Meetings. "Let's stop here and rest," said Tangseng, "Later we can get our rescript certified so that we may continue our journey."

They entered the building. Two officials were sitting there. They looked up, surprised. One of them said, "Who are you? What are you doing here?"

Folding his hands in front of his chest, Tangseng told them, "This poor monk is traveling from the Tang Empire to the western heaven to obtain Buddhist scriptures for our emperor. We just arrived at your worthy city and dared not leave without getting our travel rescript certified. We ask that you do this for us. We also ask that you let us stay here to rest and have a small meal."

The officials ordered some guest rooms to be prepared and food be brought to the travelers. Soon the travelers were given rice, green vegetables, tofu and mushrooms. But the officials told the travelers that they must cook the food themselves.

Tangseng asked the officials where he could find the king. One of them replied, "His Majesty is meeting with his ministers today. But if you want to meet him you must do it quickly. Tomorrow it might be too late. I don't know how long you will have to wait to see him."

Zhu removed the cassock and travel rescript from the luggage and handed them to Tangseng. Tangseng put on the cassock and put the travel rescript in his sleeve. He said to his disciples, "Stay here. Please don't cause any trouble." Then he walked down the street to the royal palace. He met the royal messenger. Tangseng told the messenger who he was and why he wanted to see the king. The royal messenger told the king, and the king agreed to see the Tang monk.

Tangseng entered the throne room and prostrated himself before the king. "Get up, get up," said the king, waving his hand. He asked Tangseng to show him the travel rescript. After reading it, he said, "Worthy monk, we have heard of your emperor. We have heard that at one time he was very ill. Tell us, how did he return to life after his illness?"

Tangseng said, "Your Majesty, our emperor is a great and wise ruler. North of Chang'an there lived a river dragon who was responsible for bringing rain to the kingdom. One day the dragon disobeyed the emperor's order to bring rain. Because of this, the emperor decreed that the dragon must die. He ordered his prime minister, a man named Wei, to kill the dragon. But before Wei could do this, the dragon appeared to the emperor in a dream and asked the emperor to let him live. The emperor agreed. The next day the emperor asked Wei to come and play chess with him. Wei came, but during the chess game Wei fell asleep. Wei killed the dragon in his dream."

"Ah," said the king, "that is terrible."

"After his death, the dragon was unhappy. He thought that the emperor had lied to him. So he went to the Kings of the Underworld to bring a lawsuit against the emperor. Shortly after that, the emperor became very ill. His soul left his body and traveled to the underworld. But just before the emperor died, Wei gave him a letter and told him to give it to a deceased courtier named Cui Jue. The emperor died, went to the underworld, met Cui Jue, and gave him the letter. After reading the letter Cui Jue agreed to help the emperor."

"Wonderful!" said the king. "How did he escape the

underworld?"

"Cui Jue tricked the Kings of the Underworld. He changed the Book of Life to give the emperor twenty more years of life. The Kings of the Underworld read the Book of Life and saw that the emperor's life was not finished yet. So they allowed him to return to the land of the living. The emperor quickly recovered from his illness. But he never forgot his visit to the underworld. Later he sent me on this journey to the western heaven to obtain the Buddha's holy scriptures and bring them back to the Tang Empire."

"Thank you for that wonderful story, worthy monk. You come from a great nation. We have been ill for a long time, and we do not have any wise ministers like Wei who can save us." Just then, servants came with food and drink and they ate their dinner.

While Tangseng was meeting with the king, the three disciples were in the hostel. They were becoming quite hungry. Sha went into the kitchen to prepare the food. There was no oil or soy sauce, so he could not cook the vegetables. He asked Zhu to go out and buy these things. Zhu refused, saying that he was too ugly and would just cause trouble in the street. So Sun Wukong said that he would go with Zhu to buy the oil, salt and soy sauce.

Sun Wukong asked one of the officials where they could buy the food. The official said, "Go west on this street, then turn at the first corner. You will find the Zheng family grocery store. They have everything you need."

Sun Wukong and Zhu walked down the street towards the grocery store. They saw a large crowd of people nearby. Sun Wukong said to Zhu, "You wait here. Keep your head down." Then he walked towards the crowd. He saw that they were reading a large royal proclamation that was hung on a wall. The proclamation said,

> "Since we, the king of Scarlet Purple Kingdom, have
> ascended to the throne, the kingdom has been peaceful
> and happy. But three years ago we became quite ill. None
> of our ministers could help us. So now we invite scholars
> and doctors from anywhere in the world to come to the
> royal palace. If you can bring us back to health, we will
> give you half of our kingdom."

Sun Wukong said to himself, "Well, this looks like fun. I think we should stay in this city for a little while so Old Monkey can play doctor!" Then he picked up a handful of dirt, threw it in the air, and recited a spell. He became invisible. He blew out a huge breath. A powerful wind came and blew away all the people. Then he walked up to the proclamation and pulled it off the wall. He walked over to Zhu. He saw that Zhu had fallen asleep. He rolled up the proclamation and quietly put it inside Zhu's robe.

The crowd of people picked themselves off the ground, looked up, and saw that the proclamation was missing. Guards ran around looking for it. One of them saw Zhu standing nearby. The guard saw the proclamation sticking up out of Zhu's robe. The guard shouted, "You are a dead man! How dare you pull down the king's proclamation? You are either a great doctor or you are a thief. We will find out which one you are."

They tried to drag him away to the royal palace, but Zhu refused to move. It was like he was a tree with roots going deep into the ground. The guards pulled and pushed him but they could not move him.

A group of elderly eunuchs approached. One of them said to Zhu, "You are a strange looking man. Who are you and what are you doing here?"

Zhu replied, "I have come from the Tang Empire and am traveling to the western heaven. My master, a Buddhist monk, has gone to the royal palace to have our travel rescript certified. My elder brother and I were looking to buy some oil and other foods. I think he became invisible, grabbed the proclamation, and stuffed it in my robe."

The eunuch said, "Just a few minutes ago I saw a monk walking towards the royal palace. That must be your master. Your elder brother must have powerful magic. Where is he now?"

"His name is Father Sun. He is probably at the Hostel of Meetings."

"Come with us. We will go there and learn the truth of this matter." He told the guards to let Zhu go. Zhu walked back to the Hostel of Meetings, followed by the eunuchs, a dozen guards, and several hundred townspeople.

When they got to the hostel, Zhu saw Sun Wukong and shouted angrily at him. Sun Wukong just laughed. Then several of the eunuchs and palace guards stepped forward and bowed to Sun Wukong. They said, "Father Sun, we are glad that Heaven has sent you to us. We ask you to help our king recover from his illness. If you can do this, our king will give you half of his kingdom."

Sun Wukong stopped laughing. With a serious face he said, "I became invisible and took down the royal proclamation. I also arranged things so that my younger brother would bring you to me. Your king is ill and I can certainly help him. But you know the old saying,

Be careful when you sell medicine

128

Tell your king to come here and ask me to help him. I can easily heal him."

Half of the eunuchs and guards stayed at the hostel, while the other half ran back to the royal palace. Without waiting to be announced they ran into the throne room. The king was still having dinner with Tangseng. One of them prostrated himself before the king and said, "Your Majesty, a holy monk from the Tang Empire has taken down your proclamation. We think he has powerful magic. The monk is now in the Hostel of Meetings. He asks that Your Majesty go there to seek his help."

The king was pleased to hear this. He said to Tangseng, "Worthy monk, how many disciples do you have?"

Tangseng replied, "I have three stupid disciples."

"Which of them is a doctor?"

"To tell you the truth, Your Majesty, they are all idiots. They can carry baggage, lead horses and travel over mountains and rivers. They also have some skill in killing monsters and demons. None of them know anything about medicine."

"Perhaps you are being too hard on them. We wish to see this Father Sun. But we are too weak to travel. He must come here." The king told the eunuchs and guards to return to the hostel and politely ask Father Sun to come to the palace.

The eunuchs and guards returned to the hostel. Kowtowing before Sun Wukong, they told him the king was too ill to travel, and would he please come to the palace. Sun Wukong agreed. Before he left the hostel he told Zhu and Sha to stay at the hostel and take whatever medicines the people bring to them. They agreed.

Sun Wukong walked to the palace with the eunuchs and

guards. They entered the throne room. The king said, "Who is the holy monk? Who is this great Father Sun?"

Sun Wukong stepped forward and shouted as loud as he could, "I am!" The king heard the loud voice and saw the monkey's ugly face. He fell back on his throne. The eunuchs helped him to leave the throne room. The ministers were angry at Sun Wukong and shouted at him. But Sun Wukong replied, "Don't talk that way to me, or your king will not get better in a thousand years."

"What do you mean?" asked one of the ministers. "A human life does not last that long."

"If I don't help him, he will die. Then he will be reborn as a sickly human and die again. And again, and again, for a thousand years. Listen:

> Medicine is a mysterious art
> You must use your eyes and ears
> Ask questions, feel the pulse
> Examine the patient's vital energy
> Does he sleep well?
> Listen to his voice
> Is it clear or harsh?
> Are his words true or crazy?
> Ask how long has he been ill
> How does he eat, drink, go to the toilet?
> Feel the pulse
> Is it long or short, fast or slow?
> I must do all these things
> Or your king will never recover."

Hearing this, the ministers believed that Sun Wukong was a powerful doctor. They went to see the king and ask him if he would see Sun Wukong. "Just leave us alone," said the king.

"We are too weak to see anyone."

The ministers went back to Sun Wukong and told him the king's words. "No problem," said Sun Wukong. "I do not need to touch the king. I will feel his pulse with hanging threads."

They returned to the king and told him this. The king said, "That is interesting. We have been ill for three years and nobody has ever tried that. We will allow it."

The ministers went back to Sun Wukong and told him that the king agreed to allow the use of hanging threads. Before he could say anything, Tangseng shouted, "You wretched ape! You will be the death of me! In all the years we have traveled together, I have never seen you cure a single person. You know nothing of drugs, and you have never read a medical book. How can you possibly use hanging threads to learn what his illness is?"

"Master, you don't realize that I can treat illness. I know I can cure the king. Look, here are my hanging threads!" He pulled three hairs from his tail and called out, "Change!" The hairs turned into three golden threads. Each was twenty-four feet long, to match the twenty four periods of the year. Then Sun Wukong turned and walked back into the room where the king was resting.

Chapter 69

The king was tired and afraid of Sun Wukong, so he did not want the monkey to come near him. So Sun Wukong gave the three golden threads to the eunuchs. He said to them, "Tie these threads to the king's left wrist. Put the first at *cun*, the second at *guan*, and the third at *chi*. Then pass the end of the threads out of the window to me." Then he left the room.

The eunuchs did as they were told. Sun Wukong held each of

the three threads between the thumb and index finger of his right hand, one at a time, feeling the pulse at each point. Then he told the eunuchs to move the threads to the *cun*, *guan* and *chi* of the king's right wrist. After they moved the threads, he held each thread in his left hand and felt the pulse at each point.

When he was finished, he shook his body to return the hairs to his tail. Then he said in a loud voice, "Your Majesty, I have carefully felt your pulse. I have seen many things. You have pain in your heart, your muscles are tired, there is blood in your urine, there are female demons in your body, your belly is too full, and your body is cold. All together, this means that you are worried and afraid. This illness is called 'two birds separated.'"

The king was happy to hear that Sun Wukong had found out the cause for his illness. He told his ministers to tell the monkey to prepare medicine to cure his illness.

"What does 'two birds separated' mean?" asked the eunuchs.

"It's simple," said Sun Wukong. "When two birds are flying together in a storm, the wind may blow them in different directions. The male bird misses the female and the female misses the male. Now, I must go and prepare the king's medicine. Please deliver three catties of every medicine to the Hostel of Meetings right away."

"But there are 808 different kinds of medicine and 404 different illnesses. Which ones will you use?"

"Bring me all the medicines. You will see."

Tangseng got up to follow Sun Wukong back to the hostel. But the king stopped him and told him that he was to stay overnight in the palace. The king told Tangseng that the next day, after recovering from his illness, he would give gifts to the travelers and sign their travel rescripts. Tangseng knew what this meant. He said to Sun Wukong, "Disciple, he wants to keep me here as a hostage. If things don't go well he will kill me!"

"Don't worry," replied Sun Wukong, "enjoy yourself in the palace. I am a very good doctor."

Sun Wukong returned to the hostel. He had a nice dinner with Zhu and Sha. He told them everything that happened. When they finished their dinner he said to Zhu, "All right, let's get started. Bring me a *tael* of rhubarb and make it into a powder. This will help the king's *qi* flow smoothly. It will also calm his belly." Zhu did not think this was the correct medicine for the king, but he fetched the rhubarb and made it into a powder.

Then Sun Wukong said, "Now get me an *tael* of croton seeds. This will cure illnesses of the heart. Make this into a powder also. Then combine the two powders."

Zhu also did not believe this medicine would help the king, but he got it and prepared the powder. Then he asked, "You will need some more medicines, right?"

"No," replied Sun Wukong, "that's it. Now remove some of the black soot from the bottom of the cooking pots, make it into a powder, and bring it to me."

"I never heard of using soot in a medicine," muttered Zhu, but he did as he was told.

"Okay," said Sun Wukong, "now get me half a cup of our horse's piss."

Sha Wujing looked at him and said, "Brother, be careful. You know that horse's piss smells very bad. You cannot use it in medicine. The king will smell it and throw up. And if he eats the rhubarb and croton seeds he will be running to the toilet. Things will be coming out of him from both ends. That's no joke."

"You don't understand," replied Sun Wukong. "Our horse is not an ordinary horse, and his piss is not ordinary piss. Our horse used to be a dragon in the Western Ocean. His piss has magic powers. I just hope he will give us some. Let's go get it."

The three of them went outside and asked the white horse to give them some piss. The horse became very angry and said in human language, "What? I remember when I was a flying dragon in the Western Ocean. I had to be very careful where I pissed. If I pissed in a river, the fish would drink it and turn into dragons. If I pissed on grass growing on the mountains, boys would eat the grass and have eternal life. I can't just let it flow into this world of dirt and dust."

"Be careful of what you say," said Sun Wukong. "We are in the city of a great king. We have to cure him or we won't be able to continue our journey. We just need a little bit of your piss."

And so, the horse squeezed out a few drops into a cup. The three disciples returned to the hostel. They mixed the horse piss with the rhubarb, the croton seeds, and the black soot. Then they formed the medicine into three large round balls. They put the three medicine balls into a wooden box. When they were finished they all went to sleep.

The next morning, the king called for Tangseng to come and see him. Then the king sent a group of ministers to the hostel to get the medicine from Sun Wukong. The ministers prostrated themselves before Sun Wukong and said, "Father Sun, His Majesty has sent us to fetch the magic medicine." Sun Wukong nodded to Zhu, and Zhu handed the box of medicine to the ministers.

The ministers asked, "What is this medicine called?"

Sun Wukong replied, "It's called Black Gold Elixir."

"And how should the king take the medicine?"

"There are two different methods. The first method is to make a special kind of tea. You must use a fart from a fast-flying bird, piss from a fast-swimming fish, face powder from the Queen Mother of the West, black soot from Laozi's brazier, three threads from the Jade Emperor's hat, and five hairs from a tired dragon's beard. Boil these together and make a tea for the king to drink."

The ministers looked at each other. One of them said, "Great monk, we think it may be a little difficult for us to make this tea. What is the other method?"

"Have the king take the medicine with a cup of rootless water. Make it from rain that falls from the sky and does not touch the ground."

The ministers were happy to hear this. They took the box of medicine back to the king. They told him that the medicine was Black Gold Elixir, and should be taken with rootless water. The king called for his magicians and ordered them to bring rain.

Back at the hostel, Sun Wukong wanted to help the king get rootless water. He told Sha to stand on his left, and Zhu to stand on his right. Then he said a magic spell. Soon a dark cloud appeared in the east. It came closer and closer. A voice called out from the cloud, "Great Sage! It is me, Ao Guang, the Dragon King of the Eastern Ocean."

"Thank you for coming," replied Sun Wukong. "Could you help us a bit? The king needs some rootless water. Can you make some rain for him?"

"Great Sage, when you called me you said nothing about making rain. I came alone. I did not bring any of my servants to make wind, cloud, thunder and lightning. How can I make it rain?"

"We don't need much rain, just enough for the king to take his medicine."

"All right. I think I can just spit out a bit for you." The old dragon moved his cloud until it was directly over the palace. Then he spat out some rain. The rain fell for about two hours on the palace but nowhere else. The king told everyone in the palace, young and old, high rank and low rank, to run outside and collect the rain before it hit the ground. When it was finished, they combined all the water that they had collected. It was about three cups. They gave it to the king.

The king took the first pill with a cup of rootless water. Then he took the second pill and a cup of water, then he took the third pill and a cup of water. Then he sat and waited. A few minutes later his stomach made a very loud sound. The king ran to the toilet and sat on the chamber pot. He stayed there a long time.

Afterwards he was so tired, he lay down on his royal bed and slept. Two of his servants went to look inside the chamber pot. They saw a very large amount of shit, and also a large hard ball of rice dumplings. "The root of the illness has come out!" they said.

After resting, the king was feeling much better. He walked back to the throne room. He saw the Tang monk and prostrated himself in front of him. Tangseng was surprised, and quickly prostrated in front of the king. The king reached out his hands and helped Tangseng to stand.

The king sent one of his ministers to the hostel to invite the three disciples to the palace. Then he ordered a great feast of thanksgiving to be held in the palace that evening. What a wonderful banquet! There were four tables of vegetarian food

136

for Tangseng and the three disciples. There were ten times as many dishes as the travelers could eat. For everyone else there were vegetarian and meat dishes, also ten times as much as any of them could eat. There were

A hundred rare dishes
A thousand cups of fine wine
Pork and mutton, goose and duck, chicken and fish
Tasty noodles in hot soup
Many kinds of fragrant fruits
Sugar dragons wrapped around sweet lions
Large cakes in the shape of phoenixes

and much, much more. The king held a cup of wine and toasted the Tang monk. Tangseng said, "I am a Buddhist monk. I cannot drink wine, Your Majesty. But my three disciples will drink for me."

The king gave a cup of wine to Sun Wukong. He drank the cup. The king gave him a second cup, and he drank that too. Then a third cup. Zhu was watching this. He really wanted some of the wine. When the king gave Sun Wukong a fourth cup, he could not wait anymore. He shouted, "Your Majesty, it was not just the monkey who helped you. We all made your medicine. We put horse…" Quickly, Sun Wukong pushed a cup of wine into Zhu's mouth. Zhu stopped talking and drank the wine.

Later, the king tried to give Sun Wukong some more wine. "Thank you, Your Majesty," said Sun Wukong, "but I cannot drink any more."

"We have been unhappy and sick for many years," said the king. "But your pills cured us."

"I saw that you were unhappy and sick, but I don't know why."

137

"The ancients say, 'A family should not talk about its dirt with strangers.'"

"You can speak freely with me, Your Majesty."

The king looked down into his wine cup for a minute. Then he said, "We used to have three queens, but now we only have two. The Golden Queen has been gone for three years."

"What happened to her?"

"Three years ago we went to the Dragon Boat Festival with our three beautiful queens. We were watching the dragon boats, eating rice dumplings, and drinking wine. Suddenly a cold wind blew through the festival. An evil demon appeared in the air. He said, 'My name is Jupiter's Rival. I am lonely and need a wife. You must give me the Golden Queen right now. If you refuse I will eat you, then I will eat all your officials and ministers, then I will eat all the people in the city.' We had to protect our people, so we gave him the Golden Queen. He carried her away on the cold wind. The rice dumplings that we ate that day became as hard as rock and have been in our belly for three years. Also, we have been unable to sleep. That's why we have been ill for these three years. But you have given our life back to us!"

Sun Wukong smiled and said, "You were lucky to meet me! Would you like me to go and deal with this evil demon for you?"

The king fell to his knees and said, "We will give you our kingdom! We will take our three queens and go to live as common people."

Sun Wukong hurried to help the king back to his feet. He said, "Tell me, Your Majesty, has this evil demon returned in the last three years?"

"Yes. From time to time he comes back. Every time, he demands that we give him two ladies to be the Golden Queen's servants. He has done this four times. We are afraid of him, so we have built an Avoiding Demons Shelter. When we hear the wind, we run and hide in the Avoiding Demons Shelter." The king showed them the shelter. It was an underground room twenty feet below the palace.

Just then, a strong wind began to blow from the south. One of the ministers had been listening to the conversation between the king and Sun Wukong. He cried out, "This monk knows the future! He speaks of the evil demon, and the evil demon comes!"

The king ran into the Avoiding Demons Shelter, along with Tangseng and the ministers and eunuchs. Sun Wukong stayed outside. Zhu and Sha tried to run into the Avoiding Demons Shelter, but Sun Wukong grabbed them and stopped them from running away. They looked up in the sky. What did they see?

> A great body nine feet tall
> Eyes like two golden lanterns
> Four steel fangs like long knives
> Red hair and eyebrows like flames
> A green face, a huge nose
> Bare feet and long hair
> Red muscled arms and green hands
> A leopard skin around his waist
> In his hand he held a long spear

The three disciples looked at the demon. Sun Wukong said to Sha, "Do you recognize him?"

Sha said, "No, I've never seen him before."

"Zhu, how about you?"

Zhu said, "No, I've never had a drink with this demon. He's no friend of mine."

Sun Wukong said, "He looks a little bit like the golden-eyed ghost of Eastern Mountain."

"No, ghosts only come out at night. It's ten in the morning, so it's no ghost. Maybe this is Jupiter's Rival."

"Zhu, you're not so stupid after all. You might be right. All right, you stay here and guard Master. I will ask this demon his name. Then I will rescue the Golden Queen and bring her back to the king."

Chapter 70

Sun Wukong jumped up into the air. He shouted at the demon, "Where do you come from, you lawless demon? Where do you think you're going?"

The demon replied, "I am a warrior for the great Jupiter's Rival. My master has ordered me to fetch two young women to serve Her Majesty the Golden Queen. Who are you and how dare you question me?"

"I am Sun Wukong, the Great Sage Equal to Heaven. I am traveling with the Tang Monk to the western heaven to obtain the Buddha's holy scriptures. We were passing through this kingdom. We know the evil things that your master has done here in this kingdom. I was looking for your master. Now here you are, ready to throw away your life."

The warrior threw his spear at Monkey, who blocked it easily with his rod. They began to fight in the sky. They fought for a little while, but Sun Wukong was stronger. He smashed his rod down on the warrior's lance and broke it in half. The warrior turned and flew away to the west as fast as he could.

The three disciples returned to the Demon Shelter to tell the king and Tangseng that it was safe to come out. They came out. The sky was clear, there was no wind, and the warrior was gone. The king thanked Sun Wukong and gave him another cup of wine. But just then, a minister came running up, shouting, "The western gate is on fire!"

When Sun Wukong heard this, he threw the cup of wine into the air. It fell to the ground. The king was surprised, and said to him, "Great monk, why did you throw the cup into the air? Did we do something to insult you?"

"Not at all," laughed Sun Wukong. A moment later another minister ran in to say, "There has been a sudden rainstorm at the western gate. The fire is out. The streets are flooded with water that smells like wine."

Sun Wukong said to the king, "Your Majesty, I was not insulted at all by your gift of wine. I knew that the warrior started that fire. So I used the cup of wine to put out the fire and save the people nearby."

The king was even happier than before. He invited Tangseng and the three disciples to come with him into the throne room. He planned to give the kingdom to them and become a common man. But before he could say anything, Sun Wukong said, "Your Majesty, that warrior said that his master was Jupiter's Rival. I defeated the warrior in a fight, so he will surely go back to his master and report what happened. Then his master will come here and want to fight me. That will be very bad for your city. I should meet him in his cave. Do you know where it is?"

"Yes. It is quite far, over a thousand miles. Please wait here. We will get you a fast horse and some dried food for your journey. You can leave tomorrow."

"Not necessary! I can get there in a few minutes."

"Holy monk, we hope you don't mind us saying this, but your handsome face looks much like an ape. How can you travel so fast?"

"Your Highness, I have studied the Way for many centuries. I have learned to use the cloud somersault to travel sixty thousand miles in a single jump. A thousand mountains are no problem for me, and a hundred rivers are nothing to me."

And without saying another word, Sun Wukong used his cloud somersault to fly away to the monster's mountain.

A few minutes later he saw a tall mountain covered with fog. He came down on the mountain's top. He looked around. It was a beautiful place. The mountain was covered with green pine trees. He heard the songs of birds and the sounds of wild animals. Mountain peaches hung from trees. Flowers were everywhere. He thought, "This is a place where evil immortals could live happily for the rest of their lives!"

Just then, a great fire leaped up from the base of the mountain. The flames reached up to the heavens. A moment later the flames were followed by huge clouds of hot smoke. The smoke was not just black, but many different colors – blue, red, yellow, white and black. The smoke filled the air, killing and cooking wild animals. Birds who tried to escape the smoke lost their feathers.

Then a huge sandstorm came from the mountain. The sky was filled with sand and dust. Woodsmen gathering wood in the mountain became blinded and could not find their way home. Sun Wukong shook himself and turned into a fire-extinguishing hawk. He put out the fires on the mountain, then came back to the ground, returning to his usual form.

He saw a young demon walking down a mountain path. The

demon was talking to himself. Sun Wukong wanted to hear what he was saying, so he turned into a small fly. He followed the young demon and heard him say, "Our king is terrible. First he took the Golden Queen but he could not have her. Then he took several young women and killed them all. Now he is in trouble because of some monkey named Sun or something like that. Our king is declaring war on the human city. He will use fire, smoke and sandstorms. All the people of the human city will die. Our king will win, but this goes against heaven."

Sun Wukong thought it was interesting that the young demon said "he could not have her" and "this goes against heaven" so he decided to talk with the demon. He changed his form so he looked like a Daoist boy. He walked up to the young demon and said, "What is your good name, sir, and where are you going?"

"My name is Gocome. I am going to the human city to deliver my king's declaration of war."

"Tell me, sir, has the Golden Queen slept with your king yet?"

"No. An immortal gave the Golden Queen a magic cloak to protect her. If our king tries to touch her, it hurts him terribly. So he cannot touch her."

"Is he in a bad mood then?"

"Oh yes, he is in a very bad mood! You should go and sing him some Daoist songs, that might make him feel better."

"Thank you," said Sun Wukong. Then he smashed his golden hoop rod down on Gocome's head, killing him instantly. He brought the body of the demon back to the palace. He showed it to the king, Tangseng, and the other two disciples.

Sun Wukong said to the king, "Tell me, Your Majesty, did the

Golden Queen leave any of her things behind when she left with the demon king? I need to show her something when I go to rescue her. If I don't do that, she might not trust me."

"Yes," replied the king, "she left two gold bracelets. She had been planning to wear them to the Dragon Boat Festival, but she left them behind when the evil demon came and took her. We will give both of them to you."

Sun Wukong took the two bracelets, thanked the king, then used his cloud somersault to return quickly to the cave of Jupiter's Rival. He saw five hundred demon soldiers standing outside the cave. Quickly he changed his appearance to look like Gocome, the young demon.

He walked up to the cave. One of the soldiers said, "You're late, Gocome. Our king is waiting for your report."

Sun Wukong entered the cave. He looked up and saw a huge room with light coming in from eight windows. In the center was a large golden chair. The demon king was sitting in the chair.

"Gocome," said the demon king, "you're back, aren't you?"

Sun Wukong said nothing.

"Gocome," said the demon king, "you're back, aren't you?"

Still Sun Wukong said nothing.

The demon grabbed him and shouted, "Answer my question!"

"I didn't want to go, but you made me go. I saw many soldiers in the city. They saw me and grabbed me, shouting 'Seize the demon!' They dragged me to the palace to see their king. I gave him the declaration of war. The king was very angry. They whipped me thirty times and sent me out of the city."

"I don't care about their soldiers or their weapons. One fire will take care of all of them. Now, go see the Golden Queen. She has been crying. Tell her that the human king has a great army and will probably defeat us. That will make her feel better."

"Wonderful!" thought Sun Wukong. He went to see the Golden Queen. She was very beautiful, but her hair was long and messy and she wore no jewelry. She was sitting in her room. Several fox and deer servants were nearby.

"Hello," said Sun Wukong. "I am His Majesty's messenger. He sent me to deliver a declaration of war to the king of Scarlet Purple Kingdom. The human king gave me a private message to deliver to you. But I cannot tell you with these servants around."

The Golden Queen sent away the foxes and deer. "Tell me the private message," she said.

Sun Wukong rubbed his face and changed back to his normal form. "Don't be afraid of me. I am a monk, traveling with my master to the Western Heaven by order of the Tang Emperor. We came upon the Scarlet Purple Kingdom. We saw that the king was quite ill. I cured his illness. The king told me that you were carried off by an evil demon. I have some skill in killing demons, so he asked me to try to rescue you."

Of course the Golden Queen did not believe him. So Sun Wukong showed her the two bracelets. He said, "If you don't believe me, look at these."

She began to cry. She said, "If you can return me to my husband, I will remember you until I am old and toothless."

"Tell me, how does the demon king create the fire, smoke and sandstorms?"

"He has three golden bells. When he shakes the first bell,

flames a thousand feet high shoot out. When he shakes the second bell, a three thousand foot cloud of smoke shoots out. And when he shakes the third bell, a three thousand foot sandstorm begins. He keeps the bells on his belt all the time."

"For now, you must forget about your love for your husband. Let the demon king think that you love him. Bring him here and get the bells from him. I will steal them, defeat the monster, and return you to your true husband."

The Golden Queen went to see the demon king. She said to him, "Sir, for three years I have not allowed you to share my pillow. That is because you treat me as a stranger instead of your wife. When I was the queen of Scarlet Purple Kingdom, my husband trusted me to hold his treasures. But you will not let me. If you trust me, then let me hold your treasures. Then perhaps I will be willing to be your wife."

The demon king laughed and said, "Thank you for telling me that! All right, here are my treasures." Handing the three bells to her, he said, "Be very careful with these bells. Whatever you do, don't shake them!"

The queen told her servants to carefully put the treasures in her room. Then she told the demon king that she wanted to have a great feast with him, with lots of food and wine, so they could be together as husband and wife. The demon king was delighted. The two of them went off to another part of the cave, leaving Sun Wukong alone.

As soon as they were gone, Sun Wukong ran back to the queen's room and grabbed the three bells. But as he ran away with them, he accidentally shook them. Huge pillars of fire, smoke and sand came shooting out. Everything in the cave started to burn. Clouds of smoke and sand filled the cave.

The demon king came back and shouted, "Dirty slave, why did

you steal my treasures? Arrest him!" Sun Wukong changed back to his monkey form, whipped out his golden hoop rod, and fought off the demon king and his soldiers. The demon king ordered the gates to the cave to be shut. Sun Wukong changed into a little fly and flew into a dark corner.

The demon king and his soldiers could not find Sun Wukong. One of his generals, a large bear, came up to him and said, "Your Majesty, the thief was Sun Wukong, the monkey king who defeated our warrior. I think he met Gocome on the road, killed him, and took his form."

"Yes, you must be right," said the demon king. "Little ones, don't open the gates. We will find that monkey!"

Chapter 71

The demon king and all the little demons searched for Sun Wukong for the rest of the day. They were looking for a monkey, of course, not a fly on the wall, so they did not find him. When night came, he flew to the Golden Queen's room and landed on her shoulder. She was crying, saying,

> In a past life I broke the incense sticks
> Now I have been taken by an evil demon king
> When will I see my husband again?
> We are like two geese separated by a storm
> Today I had hope but now the monkey is dead
> Killed by his curiosity and the golden bells
> I long for my husband more than ever!

Sun Wukong said in her ear, "Don't be afraid, Your Majesty. It is me, the Monkey King. I'm still alive. I accidentally shook the bells. Fire, smoke and sand came out. Now the demon king has locked the doors and I cannot get out, and I don't have the bells. Please act like a wife, bring him here, and make him sleep. Then I can escape and rescue you later."

"How can I do that?" she asked, looking around but not seeing him.

"The ancients say, 'wine is best for ending a life,' and they also say, 'wine is best for solving problems.' Give him plenty of wine to drink. I will help. Show me one of your slave girls. I will change my appearance to look like her."

The queen called out, "Spring Beauty, please come here!" A beautiful young fox demon came into the room.

"Help me get ready for the demon king. Light the silk lanterns and burn some incense." The girl did as she was told. Then Sun Wukong landed on her head, pulled out a hair from his head, and changed it into a sleep insect. The sleep insect crawled into her nose. This caused Spring Beauty to fall asleep. As soon as she fell asleep, Sun Wukong changed his form so that he looked just like Spring Beauty. He dragged the real Spring Beauty into a dark corner of the room.

The Golden Queen went to the demon king, smiled at him, and said, "Dear, you must be tired. Please come to bed." He followed her into her room. She said to the false Spring Beauty, "Bring wine for His Majesty, he is tired."

The false servant girl brought wine. The Golden Queen gave a cup to the demon king, then another, then another. The demon king started to become very sleepy and a bit drunk.

Sun Wukong needed to get his hands on the three golden bells. He pulled some hairs from his head, blew on them, and changed them into hundreds of fleas. The fleas crawled all over the demon king's clothing. This caused him to be extremely uncomfortable. "I am sorry, my dear," he muttered, with his eyes half closed, "but my clothing seems to be dirty."

"That is no problem, my dear," she said. "Let me take off your clothes." She removed his clothes, but he still had on his belt and the three bells. Sun Wukong made the fleas crawl onto the belt and the three bells. Now the bells were covered with the little insects.

"Your Majesty," said the false servant girl, "give me those bells. I will catch the fleas for you." The king was so sleepy and confused that he did as she asked. The false servant girl took the bells and hid them in her sleeve. Then she made three false bells using hairs from her head. The demon king did not see this.

"Be very careful with those," he mumbled, and then he fell asleep.

As soon as he fell asleep, Sun Wukong changed back to his usual form. The three bells were still in his sleeve. He became invisible. He walked to the front gate of the cave, used his lock opening magic to open the gates, and left the cave.

The next morning, Sun Wukong banged his rod on the gates and shouted for the demon king to come out and fight. "I'm your grandpa. I've come from Scarlet Purple Kingdom to take back the Golden Queen." Then he smashed the front gate with his rod.

Some little demons heard this and ran back to the demon king, who had just gotten out of bed. "There's someone outside the cave, he says he is a foreign man," they said. "He just smashed the front gate."

The demon king put on his armor and went outside. He saw Sun Wukong. He shouted, "How dare you come to my home causing trouble? Who are you?"

"Listen to my story," said Sun Wukong. Then he gave a long and detailed account of his entire life, starting with his birth as a little stone monkey on Flower Fruit Mountain. He spoke of causing trouble in heaven and being trapped by the Buddha under a mountain for five hundred years. And he finished by saying that he was now helping the Tang Monk in his journey to the west.

"So, you're the lawless monkey who caused trouble in heaven. Why are you here bothering me?"

"You shameless monster! The king of Scarlet Purple Kingdom asked me to help him, that's why I'm here. Now take a taste of my rod!"

The two of them began to fight. The monkey used his golden hoop rod, the demon king used a battle axe. They fought for fifty rounds. Then the demon said, "Monkey, stop this. I haven't had my breakfast yet. Wait here and I will be back soon."

"Of course. A good hunter does not chase a tired rabbit. Go have your breakfast, I'll wait here."

The demon king ran back into the cave. He said to the Golden Queen, "Quick! Where are the three golden bells?" She gave him the false bells that Sun Wukong had made.

The demon king ran outside again and shouted to Sun Wukong, "Stay where you are. Watch while I shake these bells."

Sun Wukong laughed and said, "Of course. But if you shake your bells, I will have to shake mine." He took the three bells out and showed them to the demon king.

The demon king saw them. He was shocked. "Where did you get those bells?" he asked.

"Where did you get yours?"

"My bells come from gold made in the Eight Trigrams Furnace. They were made by Lord Laozi himself."

"That's funny, my bells were made the same way. Mine are female, yours are male."

"You are a fool. These are treasures, not animals. They cannot be male or female." He shook his three bells, but nothing happened. He stared at the bells. He said, "Something is wrong. Perhaps the males are afraid of the females. They see the female bells, and that's why nothing comes out."

"Maybe. Let's see what my bells can do." Sun Wukong shook all three bells. Instantly, fire and smoke and sand came shooting out of the bells. The trees on the mountain started to burn. Smoke filled the heavens, sand covered the earth. The demon king could not escape. He prepared to die.

Just then, Sun Wukong heard a woman's voice saying, "Sun Wukong, I am here." It was the Bodhisattva Guanyin. In her left hand she held a vase of water. In her right hand she held a willow branch. She shook the willow branch, and a few drops of water came out. The fire was extinguished, the smoke and sand disappeared.

Sun Wukong quickly put the bells in his robe, then kowtowed to the Bodhisattva. She said to him, "I am here to find this evil monster and take him."

"May I ask the Bodhisattva, who is this monster, and why are you taking the trouble to capture him?"

"He is a large golden-haired wolf that I used to ride. A servant boy was supposed to watch him, but the boy fell asleep and the wolf ran away. Then the wolf went to Scarlet Purple Kingdom to save the king."

Sun Wukong kowtowed again and said, "Bodhisattva, I must

tell you, you have the story backwards. This demon did not save the king from trouble. He has brought trouble. For three years he has been doing terrible things to the king and queen of Scarlet Purple Kingdom."

"Wukong, you are the one who does not understand. One day, many years ago when the king of Scarlet Purple Kingdom was a young man, he went hunting. He saw a peacock and peahen. The peacock and peahen were really two children of the Buddha's mother in the west. The young king injured the peacock and killed the peahen. The Buddha's mother ordered that the king be separated from his wife for three years, so he could suffer separation just like the peacock and peahen. Also she ordered that the king suffer the illness of 'two birds separated.'"

"What does that have to do with the demon?"

"I was riding my wolf nearby when the Buddha's mother said this. The wolf heard her words. When he escaped, he came here and took the king's wife to fulfill the Buddha's mother's wish. That was three years ago. Now the king's punishment is finished. You have cured his illness, and you have saved his wife. Do not kill the demon. I will take him back with me."

"If you take him back to the South Sea with you, you must not let him escape to the human world again."

Guanyin turned to the demon and said, "Evil beast! Change back to your own form!" The demon shook himself and became a yellow haired wolf. Guanyin mounted him. She was ready to ride away, but she looked down at his neck. The three golden bells were missing. "Wukong. Give me the three bells."

"I have not seen them."

"Thieving monkey! Give the bells to me at once, or I will have to recite the tight-headband spell."

"Don't say it! Don't say it! Here are the bells." He reached into his tiger skin robe, took out the bells, and handed them carefully to Guanyin. Guanyin attached the bells to the wolf's neck. Then, wrapped in golden cloth, the Bodhisattva flew away to the South Sea.

Sun Wukong went back into the cave. He killed all the little demons. In the back of the cave he found the Golden Queen. He told her everything that happened. He also told her why she had to be separated from her husband for the last three years. Then he gathered some soft grasses and made a straw dragon for her. He said to her, "Please sit on this and close your eyes."

They mounted the clouds and flew back to Scarlet Purple Kingdom. She entered the king's palace and walked into the throne room. The king was there. He jumped up and ran to her. He put his arms around her. Then he pulled his arms back, saying "My hand! It hurts! It hurts!"

Zhu saw this and laughed, "Ha! No joy for the king!"

Sun Wukong said to Zhu and the rest of the people in the throne room, "The queen is wearing a poison cloak. Anyone who touches her feels terrible pain. That is why the demon king did not sleep with her for the three years that she was in his cave."

The ministers asked, "What can we do about this?"

Just then, they heard someone call out from above, "Great Sage, I have arrived!" They all looked up. Flying down from the sky was a man surrounded by beams of light and clouds of fog. Sun Wukong recognized him. He said, "Hello, Zhang Boduan. What are you doing here?"

Zhang replied, "Three years ago I was passing through this kingdom. I was at the Dragon Boat Festival when the demon king captured the Golden Queen. I was afraid that the queen would be harmed, so I made a special cloak and gave it to the demon king. He gave it to the queen as a wedding gift. As soon as she put on the cloak, poison thorns grew all over her body. This protected her from the demon king. Now I will remove the cloak and the poison thorns."

He pointed his finger at the queen. The cloak lifted off her body. Zhang raised his hands to say goodbye, then he rose up into the sky and disappeared.

Sun Wukong spoke to the king and queen, Tangseng, the other two disciples, and all the ministers in the palace. He told the entire story, from beginning to end. When he was finished, the king ordered a great banquet for them. Then he certified their travel rescript. Finally, he asked Tangseng to sit in the king's dragon carriage. The king, the three queens and the ministers pushed the monk's carriage with their own hands, while the three disciples rode in another carriage.

At the edge of the city, Tangseng and his three disciples got down from the carriages and began walking west again. We don't know what trials are waiting for them. We will see when our story continues...

Proper Nouns

These are all the Chinese proper nouns used in this book.

Pinyin	Chinese	English
Áo Guǎng	敖广	Ao Guang, the Dragon King of the Eastern Ocean
Bāguà Lú	八卦炉	Eight Trigrams Furnace
Bì Yāo Lóu	避妖楼	Avoiding Demons Shelter
Cháng'ān	长安	Chang'an, a city
Chūn Jiāo	春娇	Spring Beauty, a servant girl
Cuī Jué	崔珏	Cui Jue, a deceased courtier
Dōngshān De Jīn Yǎnguǐ	东山的金眼鬼	Golden-Eyed Ghost of Eastern Mountain
Guānyīn	观音	Guanyin, a Bodhisattva
Hēijīn Dān	黑金丹	Black Gold Elixir
Huā Guǒ Shān	花果山	Flower Fruit Mountain, Sun Wukong's birthplace
Huìtóng Guǎn	会同馆	Hostel of Meetings
Jīn Wánghòu	金王后	Golden Queen
Lóngchuán Jié	龙船节	Dragon Boat Festival
Qí Tiān Dà Shèng	齐天大圣	Great Sage Equal to Heaven
Qùlái	去来	Gocome, a young demon
Sài Tàisuì	赛太岁	Jupiter's Rival, a demon
Shā (Wùjìng)	沙 (悟净)	Sha (Wujing), junior disciple of Tangseng
Shēngmìng Shū	生命书	Book of Life
Sūn Bàba	孙爸爸	Father Sun, another name for Sun Wukong
Sūn Wùkōng	孙悟空	Sun Wukong, the Monkey King, elder disciple of Tangseng
Tàishàng Lǎojūn	太上老君	Laozi, an Immortal
Táng	唐	Tang, an empire
Tángsēng	唐僧	Tangseng, a Buddhist monk

Wángmǔ Niángniáng	王母娘娘	Queen Mother of the West, an Immortal
Wèi	魏	Wei, an advisor to the Tang emperor
Yánluó Wáng	阎罗王	Kings of the Underworld
Yùhuáng Dàdì	玉皇大帝	Jade Emperor, an Immortal
Zhān Zǐyáng	张紫阳	Zhang Boduan, a Daoist master and poet
Zhèng Jiā	郑家	Zheng family, owners of a grocery store
Zhū (Bājiè)	猪（八戒）	Zhu (Bajie), middle disciple of Tangseng
Zhū Zǐ Wángguó	朱紫王国	Scarlet Purple Kingdom

Glossary

These are all the Chinese words used in this book, other than proper nouns.

Pinyin	Chinese	English
a	啊	ah, oh, what
ài	爱	love
ānjìng	安静	quiet, peaceful
ānpái	安排	arrange
ānquán	安全	safety
ba	吧	(indicates assumption or suggestion)
bá	拔	pull
bǎ	把	(measure word for gripped objects)
bǎ	把	(preposition introducing the object of a verb)
bā	八	eight
bàba	爸爸	father
bādòu	巴豆	croton
bǎi	百	hundred
bái (sè)	白(色)	white
bàn	办	to do
bàn	半	half
bān (dòng)	搬(动)	to move
bànfǎ	办法	method
bàng	棒	rod, stick, wonderful
bāng (zhù)	帮(助)	to help
bāngmáng	帮忙	to help
bǎo	饱	full (after eating)
bào (zhù)	抱(住)	to hold, to carry
bǎobèi	宝贝	treasure, baby

bàofēngyǔ	暴风雨	storm
bàogào	报告	report
bǎohù	保护	to protect
bāowéi	包围	to encircle
bàozi	豹子	leopard
bǎozuò	宝座	throne
bèi	被	(passive particle)
bēi (zi)	杯(子)	cup
bèn	笨	stupid, a fool
běn	本	(measure word for books)
bǐ	比	compared to, than
bì (shàng)	闭(上)	to shut, to close up
biàn	变	to change
biān	边	side
biān	鞭	to whip
biànchéng	变成	to become
biānjiè	边界	boundary
bié	别	do not, other
bìng	病	disease
bìxià	陛下	Your Majesty
bìxū	必须	must, have to
bízi	鼻子	nose
bózi	脖子	neck
bù	不	no, not, do not
bù	布	cloth
bújiànle	不见了	gone
bùjiǔ	不久	not long ago, soon
búzàihū	不在乎	not give a damn about
cài	菜	dish
cáinéng	才能	can only, ability, talent
cāngying	苍蝇	fly

cǎo	草	grass, straw
cèsuǒ	厕所	toilet
chá	茶	tea
chàbùduō	差不多	almost
chǎng	场	(measure word for public events)
chàng (gē)	唱(歌)	to sing
chángshēng bùlǎo	长生不老	immortality (long life no die)
chéng (shì)	城(市)	city
chéng (wéi)	成(为)	to become
chéngfá	惩罚	punishment
chéngxiàng	丞相	prime minister
chǐ	尺	Chinese foot
chī (fàn)	吃(饭)	to eat
chìjiǎo	赤脚	barefoot
chījīng	吃惊	to be surprised
chōng	冲	to rise up, to rush, to wash out
chóng (zi)	虫(子)	insect, worm
chǒu	丑	ugly
chū	出	out
chuán	船	boat
chuān (shàng)	穿(上)	to put on
chuáng	床	bed
chuāng (hù)	窗(户)	window
chúfáng	厨房	kitchen
chuī	吹	to blow
chūn (tiān)	春(天)	spring
chūshēng	出生	born
chūxiàn	出现	to appear
cí	雌	female
cì	次	next in a sequence, (measure word for time)

cì'ěr	刺耳	harsh sound
cóng	从	from
cónglái méiyǒu	从来没有	there has never been
cōngmíng	聪明	clever
cùn	寸	Chinese inch
dà	大	big
dǎ	打	to hit, to play
dà hǎn	大喊	to shout
dǎbài	打败	defeat
dàchén	大臣	minister
dàdì	大地	the earth
dàhuáng	大黄	rhubarb
dài	戴	to wear
dài (zi)	带 (子)	band, belt, ribbon
dàjiàng	大将	general, high ranking officer
dǎkāi	打开	to turn on, to open
dǎliè	打猎	hunt
dàn (shì)	但 (是)	but, however
dāng	当	when
dǎng (zhù)	挡 (住)	to block
dàngāo	蛋糕	cake
dāngrán	当然	certainly
dānxīn	担心	to worry
dào	倒	to pour
dào	到	to arrive, towards
dào	道	path, way, Dao, to say
dǎo	倒	to fall, to turn upside down
dāo	刀	knife
dàojiào	道教	Daoism
dàshēng	大声	loud

dǎsuàn	打算	intend
de	地	(adverbial particle)
de	的	of
dé	得	(particle showing degree or possibility)
dédào	得到	get
dehuà	的话	if
děng	等	to wait
dēnglóng	灯笼	lantern
dì	地	land
dì	第	(prefix before a number)
dǐ	底	bottom
dī	低	low
dī	滴	(measure word for droplet)
diǎn	点	point, hour
diǎn (diǎn) tóu	点(点)头	to nod
diànxià	殿下	Your Highness
diào	掉	to fall, to drop, to lose
dìdi	弟弟	younger brother
dìfāng	地方	local, place
dìguó	帝国	empire
dìmiàn	地面	ground
dìshàng	地上	on the ground
dītóu	低头	head bowed
diū	丢	to throw
dìxià	地下	underground
dìyù	地狱	hell, underworld
dòng	动	to move
dòng	栋	(measure word for buildings, houses)
dòng	洞	cave, hole

dǒng	懂	to understand
dōng	东	east
dòngwù	动物	animal
dōngxī	东西	thing
dōu	都	all
dòufu	豆腐	tofu
dǒupéng	斗篷	cloak
dú	读	to read
dú (yào)	毒 (药)	poison
dú cì	毒刺	stinger, thorn
duàn	段	(measure word for sections)
duǎn	短	short
duì	对	correct, towards someone
duìbùqǐ	对不起	I am sorry
dùn	顿	(measure word for non-repeating actions)
duǒ	躲	to hide
duō	多	many
duōjiǔ	多久	how long?
duōme	多么	how
duōshǎo	多少	how many?
dúshūrén	读书人	student, scholar
dùzi	肚子	belly, abdomen
é	鹅	goose
è	恶	evil
è	饿	hungry
ěr (duo)	耳 (朵)	ear
fà	髪	hair
fā (chū)	发 (出)	to send out
fǎlìng	法令	decree
fàng	放	to put, to let out

fāngfǎ	方法	method
fángjiān	房间	room
fàngsōng	放松	to relax
fànguǎn	饭馆	restaurant
fángzi	房子	house
fāshēng	发生	to occur
fāxiàn	发现	to find out
fēi	飞	to fly
fēicháng	非常	very much
fěn	粉	powder, pink
fēng	封	(measure word for letters, mail)
fēng	疯	crazy
fēng	风	wind
fènghuáng	凤凰	phoenix
fēnkāi	分开	separate
fēnlí	分离	separate
fènnù	愤怒	anger
fójiào	佛教	Buddhism
fózǔ	佛祖	Buddhist teacher
fú	佛	monk
fù (rén)	妇(人)	lady, madam
fùjìn	附近	nearby
fǔtóu	斧头	ax
fùzé	负责	be responsible for
gài	盖	cover, to cover
gǎi (biàn)	改(变)	to change
gǎn	敢	to dare
gān	干	dry, to dry
gǎn (dào)	感(到)	to feel
gāng (tiě)	钢(铁)	steel
gānggāng	刚刚	just

gǎnjué	感觉	to feel
gǎnxiè	感谢	to thank
gāo	高	tall, high
gàosù	告诉	to tell
gāoxìng	高兴	happy
gè	个	(measure word, generic)
gē	歌	song
gēge	哥哥	elder brother
gěi	给	to give
gēn	根	(measure word for long thin things)
gēn (zhe)	跟(着)	with, to follow
gēng	更	even, watch (2-hour period)
gong (diàn)	宫(殿)	palace
gǔ	古	ancient
guà	挂	to hang, to call
guān	关	to turn off, to close
guāng	光	light
guānxì	关系	relationship
guānyuán	官员	official
gūdú	孤独	lonely
guì	贵	expensive
guì	跪	to kneel
guǐ (guài)	鬼(怪)	ghost
guò	过	to pass, (after verb to indicate past tense)
guō	锅	pot
guó (jiā)	国(家)	country
guòlái	过来	to come
guòqù	过去	past, to pass by
guówáng	国王	king
guòyè	过夜	to stay overnight

gùshì	故事	story
hā	哈	ha!
hái	还	still, also
hǎi	海	ocean, sea
hàipà	害怕	fear, scared
háishì	还是	still is
háizi	孩子	child
hǎn (jiào)	喊 (叫)	to call, to shout
hǎo	好	good, very
hàoqí (xīn)	好奇 (心)	curiosity
hǎowán	好玩	fun
hǎoxiàng	好像	to like
hé	合	to combine, to join
hé	和	and, with
hé	河	river
hé	盒	box
hē	喝	to drink
hēi (sè)	黑色	black
hēi'àn	黑暗	dark
hěn	很	very
hépíng	和平	peace
héshang	和尚	monk
hézi	盒子	box
hóng (sè)	红 (色)	red
hòu	后	after, back, behind
hóu (zi)	猴 (子)	monkey
hòulái	后来	later
hòumiàn	后面	behind
hǔ	虎	tiger
huà	话	word, speak
huài	坏	bad, broken

huán	还	to return
huáng (sè)	黄（色）	yellow
huángdì	皇帝	emperor
huāngyě	荒野	wilderness
huāpíng	花瓶	vase
hùchénghé	护城河	moat
huí	回	to return
huì	会	will, to be able to
huī	挥	wave
huī	灰	gray, dust, ash
huídá	回答	to reply
huīfù	恢复	to recover
húlí	狐狸	fox
hùnhé	混合	mix together
huǒ	火	fire
huó (zhe)	活（着）	alive
huò (zhě)	或（者）	or
huǒpén	火盆	brazier
huǒyàn	火焰	flame
húsūn	猢狲	ape
hùxiāng	互相	each other
húzi	胡子	beard, moustache
jì	系	to tie
jǐ	几	several
jī	鸡	chicken
jì (dé)	记（得）	to remember
jī tuì	击退	to repel
jiǎ	假	fake
jiā	加	plus, to add
jiā	家	family, home

jiàn	件	(measure word for clothing, matters)
jiàn	建	to build
jiān	肩	shoulder
jiān	间	(measure word for room)
jiàn (miàn)	见 (面)	to see, to meet
jiǎnchá	检查	to inspect, examination
jiǎndān	简单	simple
jiǎng	讲	to speak
jiāng	将	shall
jiàngyóu	酱油	soy sauce
jiànkāng	健康	healthy
jiào	叫	to call, to yell
jiǎo	角	corner, horn
jíbié	级别	level or rank
jiē (dào)	街 (道)	street
jiē (guò)	接 (过)	to take
jié (rì)	节 (日)	festival (day)
jiē zhù	接住	to catch
jiéhūn	结婚	to marry
jiějué	解决	to solve, settle, resolve
jiéqì	节气	solar term
jiēshòu	接受	to accept
jiéshù	结束	end, finish
jìhuà	计划	plan
jìn	近	close
jìn	进	to advance, to enter
jǐn	紧	tight, close
jīn	斤	cattie (measure of weight)
jīn (sè)	金 (色)	golden
jǐn gēn	紧跟	follow closely

jīn gū bàng	金箍棒	golden hoop rod
jīndǒu	筋斗	somersault
jīngguò	经过	after, through
jìngjiǔ	敬酒	toast
jìnlái	进来	to come in
jīntiān	今天	today
jǐnzhāng	紧张	nervous, tension
jīròu	肌肉	muscle
jiù	就	just, right now
jiù	救	to save, to rescue
jiǔ	久	long
jiǔ	九	nine
jiǔ	酒	wine, liquor
jiǔdiàn	酒店	hotel, inn
jiùshì	就是	just is
jìxù	继续	to carry on
jù	句	(measure word for word, sentence)
jù (dà)	巨（大）	huge
jǔ (qǐ)	举（起）	to lift
juǎn	卷	to roll
juédé	觉得	to feel
juédìng	决定	to decide
jūgōng	鞠躬	to bow down
jùjué	拒绝	to refuse
jūnduì	军队	army
jǔxíng	举行	to hold
kāishǐ	开始	to begin
kāisuǒ	开锁	unlock
kāiwánxiào	开玩笑	to make a joke
kāixīn	开心	happy

kàn	看	to look
kǎn	砍	to cut
kàn kàn	看看	have a look
kānhù	看护	to care for
kànjiàn	看见	to see
kǎoyàn	考验	trial, ordeal
kē	棵	(measure word for trees, vegetables, some fruits)
kē	颗	(measure word for small objects)
kěnéng	可能	maybe
kěpà	可怕	frightening, terrible
kèrén	客人	guest
kěshì	可是	but
kētóu	磕头	to kowtow
kěyǐ	可以	can
kōng (qì)	空(气)	air, void, emptiness
kǒngquè	孔雀	peacock
kòutóu	叩头	to kowtow
kū	哭	to cry
kuài	快	fast
kuàilè	快乐	happy
kuān	宽	width
kuījiǎ	盔甲	armor
kùnhuò	困惑	confused
kùnnán	困难	difficulty
lā	拉	to pull
lái	来	to come
láizì	来自	from
lán (sè)	蓝(色)	blue
láng	狼	wolf
lǎo	老	old

le	了	(indicates completion)
lèi	累	tired
léi (shēng)	雷（声）	thunder
lěng	冷	cold
lǐ	里	Chinese mile
lǐ (miàn)	里（面）	inside
liǎ	俩	both
liǎn	脸	face
liáng	凉	cool
liàng	辆	(measure word for vehicles)
liǎng	两	two
liǎojiě	了解	to understand
lìhài	厉害	amazing, powerful
líkāi	离开	to leave
lǐmào	礼貌	polite
líng	铃	small bell
lìng (wài)	另（外）	other, another, in addition
línghún	灵魂	soul
liù	六	six
liú (xià)	留（下）	to keep, to leave behind, to stay
liǔshù	柳树	willow
liútōng	流通	circulation
lǐwù	礼物	gift
lóng	龙	dragon
lóu	楼	building, floor of a building
lù	路	road
lù	露	to reveal, to expose, dew
lù	鹿	deer
lǜ (sè)	绿（色）	green
luàn	乱	chaotic, messy, confused
lǚtú	旅途	journey

ma	吗	(indicates a question)
mǎ	马	horse
máfan	麻烦	trouble
mái	埋	to bury
mài	卖	to sell
mǎi	买	to buy
màibó	脉搏	pulse
màn	慢	slow
mǎn	满	full
máng	忙	busy
máo (fà)	毛(发)	hair
mào (zi)	帽(子)	hat
mǎshàng	马上	immediately
mǎtǒng	马桶	toilet, chamber pot
méi	没	no, not have
měi	每	each, every
měi (lì)	美(丽)	handsome, beautiful
méi (mao)	眉(毛)	eyebrow
méiyǒu	没有	no, not have
men	们	(indicates plural)
mén	门	door, gate
mèng	梦	dream
mǐ	米	rice, meter
mì mì	秘密	secret
miàn	面	side, surface, noodles
miànqián	面前	in front
miè	灭	to extinguish
míng (zì)	名(字)	first name, name, (measure word for an occupation or profession)
míngbai	明白	to understand, clear
mìnglìng	命令	command

míngtiān	明天	tomorrow
mǒ	抹	to wipe, to rub
mó (fǎ)	魔(法)	magic
mó (lì)	魔(力)	magic
mógū	蘑菇	mushroom
móguǐ	魔鬼	demon
mòshēng	陌生	strange
móshù shī	魔术师	magician
mù (tou)	木(头)	wood
mǔqīn	母亲	mother
mǔzhǐ	拇指	thumb
ń, en, èn	嗯	well, um
ná	拿	to take
nà	那	that
ná xià	拿下	remove, capture
nàlǐ	那里	there
nǎlǐ	哪里	where
nàme	那么	so then
nán	南	south
nán	难	difficult, rare
nánhái	男孩	boy
nàyàng	那样	that way
ne	呢	(indicates question)
néng	能	can
nénggòu	能够	able to, capable of
néngliàng	能量	energy
nǐ	你	you
nǐ hǎo	你好	hello
nián	年	year
niàn	念	to recite
niánqīng	年轻	young

niào	尿	urine
niǎo	鸟	bird
nín	您	you (respectful)
nòng	弄	to do
nǚ	女	female
nǚhái	女孩	girl
ó, ò	哦	oh?, oh!
ǒutù	呕吐	to vomit
pá	爬	to climb
pà	怕	afraid
pǎo	跑	to run
pào chá	泡茶	to make tea
pèng	碰	to touch
péngyǒu	朋友	friend
pí	皮	leather, skin
pì	屁	fart
pǐ	匹	(measure word for horses, cloth)
piàn (shù)	骗(术)	to trick, to cheat
piàoliang	漂亮	beautiful
púrén	仆人	servant
púsà	菩萨	bodhisattva, buddha
pǔtōng	普通	ordinary
qí	棋	chess
qí	骑	to ride
qì	气	gas, air, breath
qǐ	起	from, up
qián	前	forward
qiān	千	thousand
qiān	牵	to lead
qiáng	墙	wall
qiángdà	强大	strong, powerful

qiānshǔ	签署	to sign
qiánwǎng	前往	go to
qiáo	桥	bridge
qiāodǎ	敲打	to beat up
qiāoqiāo	悄悄	quietly
qǐchuáng	起床	to get out of bed
qíguài	奇怪	strange
qǐlái	起来	(after verb, indicates start of an action)
qīn'ài	亲爱	dear
qǐng	请	please
qīng (chǔ)	清 (楚)	clear
qǐngqiú	请求	request
qǐngwèn	请问	excuse me
qióng	穷	poverty
qǐshēn	起身	get up
qíshí	其实	in fact
qítā	其他	other
qiú	球	ball
qízhōng	其中	among them
qízi	旗子	flag
qīzi	妻子	wife
qù	去	to go
qǔ	取	to take
qùdiào	去掉	remove, get rid of
qún	群	group, (measure word for group)
ràng	让	to let, to cause
ránhòu	然后	then
ránshāo	燃烧	burning
rè	热	heat
rén	人	person, people

rēng	扔	to throw
rènhé	任何	any
rénjiān	人间	human world
rènshi	认识	to understand
rènwéi	认为	to believe
rènzhēn	认真	serious
rénzhì	人质	hostage
róngyì	容易	easy
ròu	肉	meat, flesh
rù	入	to enter, into
ruǎn	软	soft
rúguǒ	如果	if
sān	三	three
sēng (rén)	僧（人）	monk
shā	杀	to kill
shā	沙	sand
shāchénbào	沙尘暴	sandstorm
shān	山	mountain
shǎndiàn	闪电	lightning
shāndǐng	山顶	mountain top
shàng	上	on, up
shāng (hài)	伤（害）	hurt
shāngdiàn	商店	store
shàngtiān	上天	god, heaven
shāo	烧	to burn
shāoxiāng	烧香	to burn incense
shè	射	to shoot, to emit
shēn	伸	to stretch
shēn	深	late, deep
shēn (tǐ)	身（体）	body
shēng (yīn)	声（音）	sound

shèng sēng	圣僧	holy monk, Bodhisattva
shèng xià	剩下	to remain, to rest
shēngbìng	生病	sick
shēnghuó	生活	life
shèngjīng	圣经	holy scripture
shēngmìng	生命	life
shēngqì	生气	angry
shēngyì	生意	business
shénme	什么	what
shénmì	神秘	mysterious
shēntǐ	身体	body
shénxiān	神仙	immortal
shí	十	ten
shì	是	is, yes
shì	试	to taste, to try
shǐ	屎	shit
shī	湿	wet
shí (hòu)	时 (候)	time, moment, period
shì (qing)	事 (情)	thing
shí (tou)	石 (头)	stone
shí (wù)	食 (物)	food
shìbīng	士兵	soldier
shīfu	师父	master
shíjiān	时间	time, period
shìjiè	世界	world
shītǐ	尸体	dead body
shìwèi	侍卫	to guard
shízhǐ	食指	index finger
shīzi	狮子	lion
shòu	兽	beast
shǒu	手	hand

shǒubì	手臂	arm
shòudào	受到	to receive, to suffer
shǒuwèi	守卫	to guard
shǒuzhǐ	手指	finger
shǒuzhuó	手镯	bracelet
shū	书	book
shù (mù)	树 (木)	tree
shuāng	双	a pair
shūcài	蔬菜	vegetable
shūfu	舒服	comfortable
shuí	谁	who
shuǐ	水	water
shuì (jiào)	睡 (觉)	to sleep
shuǐguǒ	水果	fruit
shuō (huà)	说 (话)	to say
sì	四	four
sǐ	死	dead, to die
sīchóu	丝绸	silk cloth
sìzhōu	四周	all around
sòng (gěi)	送 (给)	to give a gift
sōngshù	松树	pine tree
suǒ	锁	lock, to lock
suǒyǐ	所以	so, therefore
suǒyǒu	所有	all
sùshí	素食	vegetarian food
tā	他	he, him
tā	她	she, her
tā	它	it
tái	抬	to lift up
tài	太	too
tàijiān	太监	eunuch

táitóu	抬头	look up
tán	谈	to talk
táng	糖	sugar
tǎng	躺	to lie down
tāng	汤	soup
tánhuà	谈话	conversation
táo (zi)	桃(子)	peach
táo (zǒu)	逃(走)	to escape
tèbié	特别	very
tián	甜	sweet
tiān	天	day, sky
tiānkōng	天空	sky
tiānshàng	天上	heaven
tiáo	条	(measure word for narrow, flexible things)
tiào	跳	to jump
tiàozǎo	跳蚤	flea
tīng	听	to listen
tíng (zhǐ)	停(止)	to stop
tīng shuō	听说	it is said that
tīngjiàn	听见	to hear
tíngliú	停留	to stay
tóng	同	same
tòng (kǔ)	痛(苦)	pain, suffering
tōngguān wénshū	通关文书	travel rescript
tóngyì	同意	to agree
tǒngzhì zhě	统治者	ruler
tóu	头	head, (measure word for animal with big head)
tōu	偷	to steal
tóufǎ	头发	hair

tǔ	吐	to spit out
tǔ	土	dirt, earth
tuán	团	(measure word for lump, ball, mass)
túdì	徒弟	apprentice
tuī	推	to push
tuō	拖	to drag
tuō (xià)	脱（下）	to take off (clothes)
túrán	突然	suddenly
tùzǐ	兔子	rabbit
wài (miàn)	外（面）	outside
wàigōng	外公	maternal grandfather
wàilái	外来	foreign
wàiyī	外衣	coat
wán	完	to finish
wán	玩	to play
wàn	万	ten thousand
wàn	腕	wrist
wǎn	晚	late, night
wánchéng	完成	to complete
wǎnfàn	晚饭	dinner
wáng	王	king
wàng	望	see
wàng (jì)	忘（记）	to forget
wǎng qián	往前	forward
wánggōng	王宫	royal palace
wángguó	王国	kingdom
wánghòu	王后	queen
wǎnshàng	晚上	evening, night
wéi	围	encircle, surround
wèi	为	for

wèi	位	place, (measure word for people, polite)
wěi (bā)	尾 (巴)	tail
wěidà	伟大	great
wèilái	未来	future
wèishénme	为什么	why
wén	闻	to smell
wèn	问	to ask
wèntí	问题	problem, question
wǒ	我	I, me
wú	无	no
wǔ	五	five
wúfǎwútiān	无法无天	lawless
wùqì	雾气	fog
wǔqì	武器	weapon
xī	西	west
xià	下	down, under
xià qí	下棋	to play chess
xià yǔ	下雨	to rain
xiàmiàn	下面	underneath
xiàn	线	thread, line
xiān	仙	immortal, celestial being
xiān	先	first
xiàng	像	like, to resemble
xiàng	向	towards
xiǎng	响	loud
xiǎng	想	to want, to miss, to think of
xiǎng yào	想要	would like to
xiǎngshòu	享受	to enjoy
xiāngxìn	相信	to believe, to trust
xiānhuā	鲜花	fresh flowers

xiānshēng	先生	sir, gentleman
xiànzài	现在	just now
xiào	笑	to laugh
xiǎo	小	small
xiǎoshēng	小声	whisper
xiǎoshí	小时	hour
xiāoshī	消失	to disappear
xiǎotōu	小偷	thief
xiāoxī	消息	news
xiǎoxīn	小心	to be careful
xiàtiān	夏天	summer
xiāzi	瞎子	blind
xié	邪	evil
xiè	谢	to thank
xiě	写	to write
xiē	些	some
xié ('è)	邪 (恶)	evil
xièxiè	谢谢	thank you
xìn	信	letter
xíng	行	to travel, to walk, OK
xìng	姓	surname
xìngfú	幸福	happy
xínglǐ	行李	luggage
xīnqíng	心情	feeling
xīnyuàn	心愿	wish
xīnzàng	心脏	heart
xióng	熊	bear
xióng	雄	male
xiūrù	羞辱	to insult, to humiliate
xiūxí	休息	to rest
xiùzi	袖子	sleeve

xīwàng	希望	to hope
xuānbù	宣布	to announce
xuānzhàn	宣战	to declare war
xǔduō	许多	many
xuè	血	blood
xué (xí)	学（习）	to learn
xuéhuì	学会	to learn
xūruò	虚弱	weak
xūyào	需要	to need
yā	鸭	duck
yá (chǐ)	牙（齿）	tooth, teeth
yán	盐	salt
yàn (huì)	宴（会）	feast, banquet
yǎn (jīng)	眼（睛）	eye
yān (wù)	烟（雾）	smoke
yáng	羊	goat, sheep
yàngzi	样子	to look like, appearance
yánsè	颜色	color
yánzhe	沿着	along
yào	药	medicine
yào	要	to want
yāo	腰	waist, small of back
yáo (dòng)	摇（动）	to shake or twist
yāodài	腰带	belt
yāoguài	妖怪	monster
yāoqǐng	邀请	to invite
yāoqiú	要求	to request
yě	也	also, too
yèwǎn	夜晚	night
yī	一	one
yī (fu)	衣（服）	clothes

yī (xué)	医（学）	medicine
yìdiǎn	一点	a little bit
yídìng	一定	must
yígè rén	一个人	alone
yǐhòu	以后	after
yīhuǐ'er	一会儿	a while
yǐjīng	已经	already
yíng	赢	to win
yìng	硬	hard
yīng	鹰	hawk, eagle
yīnggāi	应该	should
yīnwèi	因为	because
yìqǐ	一起	together
yǐqián	以前	before
yíqiè	一切	all
yìshēng	一生	lifetime
yīshēng	医生	doctor
yìshù	艺术	art
yìsi	意思	meaning
yǐwéi	以为	to think, to believe
yíxià	一下	a bit, a short quick action
yìxiē	一些	some
yíyàng	一样	same
yìzhí	一直	always, continuously
yǐzi	椅子	chair
yòng	用	to use
yònglì	用力	to use effort or strength
yǒngyuǎn	永远	forever
yóu	油	oil
yóu	游	to swim, to tour
yòu	又	again, also

yòu	右	right (direction)
yǒu	有	to have
yǒu de shíhòu	有的时候	sometimes
yǒudiǎn	有点	a little bit
yóurén	游人	traveler, tourist
yú	鱼	fish
yù	御	royal
yǔ	语	words, language
yǔ	雨	rain
yù (dào)	遇(到)	encounter, meet
yuán	圆	circle, round
yuǎn	远	far
yuánlái	原来	turn out to be
yuànyì	愿意	willing
yuányīn	原因	reason
yuè lái yuè	越来越	more and more
yǔmáo	羽毛	feather
yún	云	cloud
yùnqì	运气	luck
zá (suì)	砸(碎)	to smash
záhuò diàn	杂货店	grocery store
zài	再	again
zài	在	in, at
zàijiàn	再见	goodbye
zāng	脏	dirty
zào	造	to make
zǎofàn	早饭	breakfast
zǎoshang	早上	morning
zéi	贼	thief
zěnme	怎么	how
zěnmele	怎么了	what's wrong

zěnyàng	怎样	how
zhàn	站	to stand
zhàn (zhēng)	战（争）	war
zhàndòu	战斗	fighting
zhǎng	长	to grow
zhāng	张	(measure word for pages, flat objects)
zhāng	章	chapter
zhǎng mǎn	长满	overgrown
zhàngfu	丈夫	husband
zhànshì	战士	warrior
zhào	照	according to
zhǎo	找	to search for
zháohuǒ	着火	on fire
zhe	着	(indicates action in progress)
zhè	这	this, these
zhème	这么	so
zhèn	朕	I (royal)
zhèn	阵	(measure word for short-duration events)
zhēn	真	true, real
zhěn (tóu)	枕（头）	pillow
zhěng	整	all, entire
zhèng (zài)	正（在）	(-ing)
zhèngcháng	正常	normal
zhēnxiàng	真相	truth
zhí	直	straight
zhì	治	to treat (medical)
zhǐ	只	only
zhī	支	(measure word for stick-like things, armies, songs, flowers)
zhī	枝	branch

zhīdào	知道	to know
zhìhǎo	治好	to cure (medical)
zhīqián	之前	before
zhǐyào	只要	as long as
zhòng	重	heavy, hard
zhǒng	种	type, (measure word for kinds of creatures, things, plants)
zhōng	中	in, middle
zhōng	钟	bell
zhòngzhòng	重重	heavy
zhǒngzǐ	种子	seed
zhù	住	to live, to hold
zhǔ	煮	to cook
zhū	猪	pig
zhù (zi)	柱(子)	pillar, post
zhuā (zhù)	抓(住)	to arrest, to grab
zhuǎn	转	to turn
zhuǎnshēn	转身	turn around
zhuǎnxiàng	转向	turn to
zhūbǎo	珠宝	jewelry
zhuī	追	to chase
zhǔnbèi	准备	ready, to prepare
zhuō	桌	table
zhǔrén	主人	owner
zì	字	written character
zǐ (sè)	紫(色)	purple
zìcóng	自从	ever since
zìjǐ	自己	oneself
zǐxì	仔细	careful
zìyóu	自由	free, unrestrained
zòngzi	粽子	rice dumplings

zǒu	走	to go, to walk
zúgòu	足够	enough
zuì	醉	drunk
zuǐ	嘴	mouth
zuì hǎo	最好	the best
zuìhòu	最后	last, at last
zūn (jìng)	尊 (敬)	respect
zuò	做	to do
zuò	坐	to sit
zuò	座	seat
zuǒ	左	left (direction)
zuǒyòu	左右	approximately
zǔzhǐ	阻止	to stop, to prevent

About the Authors

Jeff Pepper (author) is President and CEO of Imagin8 Press, and has written dozens of books about Chinese language and culture. Over his thirty-five year career he has founded and led several successful computer software firms, including one that became a publicly traded company. He's authored two software related books and was awarded three U.S. patents.

Dr. Xiao Hui Wang (translator) has an M.S. in Information Science, an M.D. in Medicine, a Ph.D. in Neurobiology and Neuroscience, and 25 years experience in academic and clinical research. She has taught Chinese for over 10 years and has extensive experience in translating Chinese to English and English to Chinese.

Printed in Great Britain
by Amazon